DE LA RÉPUBLIQUE

D'APRÈS MACHIAVEL

EXTRAIT DU *CORRESPONDANT*

(Livraison du 10 Décembre 1877)

PARIS

LIBRAIRIE DE CHARLES DOUNIOL ET Cⁱᵉ, ÉDITEURS

29, RUE DE TOURNON, 29

1877

DE LA RÉPUBLIQUE

D'APRÈS MACHIAVEL

PARIS. — E. DE SOYE ET FILS, IMPR., 5, PL. DU PANTHÉON.

DE LA RÉPUBLIQUE

D'APRÈS MACHIAVEL

EXTRAIT DU *CORRESPONDANT*

(Livraison du 10 Décembre 1877)

PARIS

LIBRAIRIE DE CHARLES DOUNIOL ET Cⁱᵉ, EDITEURS

29, RUE DE TOURNON, 29

1877

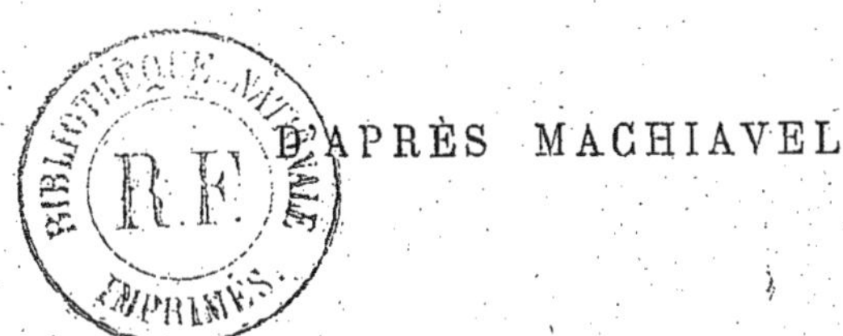

DE LA RÉPUBLIQUE

D'APRÈS MACHIAVEL

Ce travail, historique et politique tout à la fois, se rattache à des circonstances qu'il n'est pas sans intérêt de faire connaître. Lorsque la Toscane fut réunie à la France, en 1808, M. le baron de Gerando, alors secrétaire général du ministère de l'intérieur, fut nommé membre de la junte d'organisation et partit immédiatement pour Florence, accompagné de deux jeunes secrétaires, MM. Nau de Champlouis et Camille Perier, qui commencèrent sous ses auspices leur carrière administrative, et qui devaient devenir plus tard ses collègues à la Chambre des pairs. Ce fut à Florence, et pour mieux s'acquitter de la haute mission qui lui était confiée, que M. de Gerando se livra à une étude approfondie de l'*Histoire florentine*, par Machiavel, et il consigna le résumé de cette étude dans le manuscrit que nous publions.

Après soixante ans, les circonstances lui donnent la plus saisissante opportunité. A la lumière des événements qui nous agitent, ce n'est plus de Florence que semble parler l'auteur, mais de la France de 1792 et de 1877, et le lecteur sera certainement frappé des rapprochements singuliers qui s'imposent comme des leçons, qui se dégagent des appréciations et des jugements du célèbre secrétaire de la république florentine.

(Note de la Rédaction).

Dans l'*Histoire florentine*, les événements sont peu importants, mais ils fournissent des instructions précieuses. Il n'est pas absolument nécessaire de connaître les époques, les noms des personnages et la série des faits, mais il est à propos d'analyser les fautes et les effets de certaines révolutions. Cette histoire, en un mot, n'intéresse pas moins le philosophe que l'homme d'Etat et le publiciste.

C'est au milieu du moyen âge que commence l'histoire de la ville et de la république de Florence. Elle ne dut point sa liberté à la force des armes ni à aucune révolution violente ; elle l'acquit insensiblement, ainsi que la plupart des villes d'Italie, lorsque la puissance des empereurs d'Allemagne, dont elle dépendait, se trouva ébranlée et affaiblie par l'effet de leurs luttes contre les Papes. Ces souverains étaient trop éloignés, trop occupés ailleurs, pour fixer seu-

lement leur attention sur la situation de ces villes, et pour s'alarmer
de leur indépendance. Florence, devenue république, n'eut jamais
à lutter contre ses anciens maîtres. Ses divisions intestines, ses
guerres avec les petits Etats qui l'avoisinaient, occupèrent seules ses
citoyens ; le détail de ces divers événements serait peu intéressant
par lui-même. Les remarques générales qu'il donne lieu de faire
ont seules quelque importance ; je les réduirai sous quatre titres :
je jetterai d'abord un coup d'œil sur la nature des républiques et la
manière dont les factions et les partis se forment dans leur sein ;
j'examinerai, en deuxième lieu, le caractère particulier et naturel
aux diverses classes qui forment les divers éléments des partis dans
les républiques, et les effets ordinaires qui résultent de la prépondérance de chacun d'entre eux. J'étudierai, en troisième lieu, les
moyens que les divers partis emploient pour arriver à leurs fins, et
la manière dont s'opère ou leur succès ou leur chute, c'est-à-dire
dont s'exécutent les révolutions. Enfin je chercherai quelle est,
dans une république, l'influence de la politique extérieure sur la
situation intérieure, sur la liberté et l'union des citoyens. Je finirai
par un rapide aperçu des institutions particulières à la république
florentine ; du reste tous mes extraits seront pris dans son histoire ;
je ne fais point un traité de législation, je me borne à noter quelques expériences.

I

L'histoire des républiques anciennes et modernes n'est qu'une
longue succession de révolutions, qu'une continuité d'agitations de
toute espèce. Placées entre les deux extrêmes du pouvoir arbitraire et de la licence, elles vont sans cesse de l'un à l'autre, sans
pouvoir s'arrêter presque jamais à ce point unique où s'accordent
la justice et la félicité générales. Deux passions opposées sollicitent
avec une égale ardeur l'un ou l'autre de ces excès ; deux idées également naturelles y conduisent. Chacun d'eux repousse vers l'autre,
aucun ne se soutient. Ils ont tous les deux des ennemis puissants ;
le premier déplaît aux hommes de bien, le second aux sages ; le
premier fait régner l'insolence, le second la stupidité. Ainsi, dit
Machiavel, les républiques, dans les fréquentes variations qu'elles
éprouvent, ne présentent guère qu'un passage de la servitude à la
licence et de la licence à la servitude. Que si cependant, pour le
bonheur de la cité, il vient à s'élever dans son sein un citoyen à la
fois sage, puissant et bon, qui se mette à la tête du gouvernement,
qui apaise ou du moins qui modère les passions, on rencontre
quelquefois cet heureux et difficile équilibre de paix et de liberté.

Mais ce bienfait du ciel est rare et passager; la mort enlève bientôt ces précieux modérateurs; souvent la violence des passions rend leurs efforts inutiles.

Etudier la naissance des partis, apprendre à discerner leurs vues, à mesurer leurs forces, c'est donc la principale recherche à laquelle doit se livrer celui qui veut connaître la vraie théorie de l'administration des républiques. Il ne doit point se demander quel est le moyen de prévenir ou d'anéantir les partis; il doit se demander seulement quel est le moyen de les rendre impuissants et de les tenir en équilibre. Le germe des partis est dans la constitution même d'une république.

Là où le gouvernement est entre les mains de plusieurs, il est impossible qu'il n'y ait pas un principe de division dans le gouvernement. Là où le gouvernement est soumis au contrôle de tous, où les citoyens sont eux-mêmes les agents et l'appui du gouvernement, il est impossible que la foule ne soit partagée en diverses factions, et que ces factions n'influent sur le gouvernement. Sous la domination d'un seul, l'administration se rapporte à un centre simple et unique; l'autorité ne repose point sur l'opinion, elle s'aide d'une force physique qui lui est étrangère; toutes les idées du peuple le déterminent à considérer la personne de celui qui gouverne comme un objet sacré; les affaires publiques semblent n'y être que les affaires du prince. La première origine du gouvernement, la volonté ou du moins le besoin de tous, est oubliée, effacée des annales de la nation. On ne voit plus que le gouvernement lui-même : c'est tout le contraire dans les républiques.

Deux choses donnent naissance aux divisions qui se forment parmi les hommes à l'égard du gouvernement, lorsqu'ils sont appelés à l'observer et qu'ils ont le moyen ou l'espoir de l'influencer; l'une est le désaccord des opinions, l'autre est celui des intérêts. Il est impossible que tous les esprits s'accordent à admettre les mêmes maximes; il est impossible que tous les hommes se trouvent satisfaits d'un même état de choses; car il n'en est presque aucun qui atteigne ce point unique, où les droits de tous se trouvent dans un juste et parfait équilibre. Lors même qu'un pareil état de choses existerait, ce serait souvent un besoin de quelques individus ou même de classes entières de ne pas se contenter de cette équitable proportion, mais de vouloir encore s'arroger une domination exclusive; de ne pas conserver seulement ce qui leur appartient, mais de vouloir aussi dépouiller les autres. Toutes les passions particulières de jalousie, de vengeance, de haine, mille intérêts privés de fortune et d'avancement, viennent encore se mêler à ces premiers germes de division, en aider la fermentation, en rendre les effets plus violents et plus funestes. L'inquiétude naturelle à l'esprit humain, le goût de la nouveauté, l'amour des entreprises, la jouissance même que certains hommes trouvent dans le danger, celle que fait éprouver à la foule tout ce qui lui présente un spectacle, enfin cet esprit de critique, d'orgueil et d'audace, naturel aux pays libres, achèvent de favoriser la naissance de ces divers principes de discorde, d'en hâter l'explosion, d'en redoubler la force.

Lorsque ces éléments de dissensions existent dans un Etat, y ont acquis un certain degré de chaleur, la plus légère occasion suffit pour les faire éclater. L'événement qui leur sera le plus étranger pourra produire à lui seul cet effet. C'est ainsi que deux hommes qui se haïssent en secret, s'attachent au plus frivole objet qui peut leur fournir un prétexte de querelle et de combat.

Ce fut le ressentiment invétéré ou la jalousie de quelques familles particulières, qui fit éclore dans la république florentine ces factions des guelfes et des gibelins, des *blancs* et des *noirs*, qui produisirent de si épouvantables effets. L'origine de cette dernière division ne se trouva même point dans son sein ; elle lui fut apportée de Pistoie, comme par une sorte de contagion. Les querelles des maisons Uberti et Buondelmonti, des Cerchi et des Donati, devinrent en peu de temps des scissions dans la république ; une injure reçue, un mariage manqué, déterminèrent ces catastrophes qui entraînèrent la ruine de plusieurs milliers de citoyens.

C'est en vain qu'une victoire décisive d'un parti vient mettre fin aux luttes ; cette victoire fût-elle suivie de l'expulsion ou même de l'extinction entière du parti opposé, la paix et l'apparente unanimité qui la suit ne sont pas de longue durée. Il est impossible que dans l'emportement de la fureur ou de la vengeance, souvent par de simples motifs de prudence, le parti victorieux ne traite l'autre avec une rigueur excessive, n'abuse de son triomphe et ne commette un grand nombre d'injustices ; il est impossible que des passions particulières ne saisissent ce moment pour se satisfaire ; il est impossible que les hommes qui ont joué le plus grand rôle dans la révolution et sont portés par elle au sommet du pouvoir, ne deviennent insolents au moment où leurs vœux sont comblés et où ils n'éprouvent plus de résistance. Quel est l'homme que la prospérité n'enivre ? D'ailleurs ils sentent moins le besoin de se modérer, parce qu'ils ne sont plus contrôlés, censurés par leurs adversaires, parce qu'ils n'ont plus un si grand besoin de l'opinion publique. Ainsi un grand nombre d'hommes qui avaient été spectateurs indifférents de la révolution, ou qui l'avaient même désirée, commencent bientôt à être mécontents des nouveaux gouvernants, par un sentiment de justice ou par un simple sentiment de fierté ; il se forme alors un parti d'exagérés et un parti de modérés et d'opposants. De plus, les hommes qui ont dirigé la révolution et ceux qui lui ont servi d'instruments, si unis au moment du péril, cessent de l'être lorsque le péril est passé, et ne se considèrent plus du même œil. Ceux-là cessent d'avoir pour ceux-ci les mêmes égards; ils les considèrent même avec une sorte d'inquiétude, ils n'ont plus besoin que de les tenir dans la subordination; ils cherchent à condamner à la nullité une force qui leur devient plus dangereuse qu'utile. Ceux-ci, par contre, s'étonnent d'avoir si peu de part aux fruits d'une révolution dont il leur semble que tout le mérite était à eux; ils se rappellent les promesses dont on les avait flattés. Surtout la révélation de leurs propres forces, que l'événement a produite, donne l'éveil à des passions peut-être jusqu'alors assoupies. En apprenant qu'ils peuvent ce qu'ils veulent, ils apprennent à vouloir bien davantage. Après avoir servi la cause, ils veulent travailler pour eux-mêmes. Enfin, comme les nouvelles lois ne peuvent satisfaire également tous ceux qui restent, comme les magistratures ne peuvent être également réparties entre tous, les mêmes causes qui avaient produit les premières divisions, commencent à agir de nouveau. L'attention, n'étant plus absorbée par les anciens sujets de querelle, s'arrête à d'autres qui ne l'avaient point fixée d'abord; on les sent d'autant plus vivement qu'on a appris à mettre plus d'ardeur dans ses prétentions et à croire davantage au succès. On mesure moins le degré de son nouveau mécontentement sur l'importance de l'objet, que sur l'idée qu'on s'est formée de soi-même, je veux dire de ce qui nous est dû, de ce qui nous est possible.

On n'est donc pas surpris lorsqu'on voit se succéder, à Florence, un si grand nombre de factions diverses, lorsqu'on y voit se former de nouveaux levains de discorde à mesure que les anciens disparaissent. A peine les guelfes ont-ils triomphé des gibelins, que les *noirs* et les *blancs* se disputent la prééminence. Les *blancs* sont éteints; alors le peuple, qui jusqu'ici n'avait fait que servir les querelles des nobles, s'isole d'eux et veut leur arracher le pouvoir. Les nobles sont abattus, mais la paix n'est pas rétablie. Tantôt ce sont les affaires extérieures qui servent de matière aux divisions; les partisans de la paix ou de la guerre, les amis du duc de Milan ou du roi de Naples, entrent en rivalité. Tantôt c'est dans le sein même du gouvernement que surgissent des chances favorables aux partis. Les familles les plus puissantes de l'ancien parti populaire semblent former une sorte d'aristocratie et concentrer en elles-mêmes le pouvoir et les honneurs; la classe moyenne les leur dispute; la populace elle-même veut entrer en lice à son tour, et réussit quelquefois à s'emparer de l'autorité. Quelquefois aussi les dénominations même des anciennes factions reparaissent pour servir de prétexte aux factions nouvelles ; on se proclame encore gibelin ou ami des nobles, pour trouver un sujet apparent d'accuser et de proscrire ses adversaires.

C'est une chose digne de remarque que, du moment où deux partis distincts existent dans la république, ils se placent tout de suite en état de guerre, et comment ils sont en quelque sorte invinciblement entraînés à se renverser et à se détruire, lors même que ce dessein n'entrait pas originairement dans leur pensée. Dès l'instant où la division se prononce et où les membres des deux partis aperçoivent la ligne qui les sépare, le premier sentiment qui s'empare d'eux est le soupçon ; ils s'attribuent réciproquement des intentions et des vues qu'ils n'ont peut-être pas. Dès lors chacun est conduit à prendre des précautions contre l'attaque et la surprise ; on se rallie plus étroitement, on s'assemble, on s'observe, on grossit ses partisans, on fait des préparatifs, on cherche à s'emparer des magistratures les plus importantes, à s'assurer tous les avantages. Ces mesures, inspirées par le soin tout seul de la conservation et de la défense, sont prises par les adversaires pour des mesures hostiles, et les premiers soupçons se convertissent en certitude ; car c'est l'intention seule qui différencie ordinairement les préparatifs destinés à l'offensive, de ceux qui n'ont que la défense pour objet. Du moment où les partis se croient réciproquement sur le point d'être attaqués, ils forment la résolution d'attaquer eux-mêmes et doivent le faire, car c'est en prévenant leur ennemi, qu'ils peuvent seulement espérer de se garantir contre lui ; on sait que le triomphe appartient au plus audacieux, au plus diligent. Si l'un des deux partis est en possession exclusive de l'autorité, la chose est plus inévitable encore, car ceux qui dominent ne peuvent voir un esprit de mécontentement et de censure se répandre chez quelques individus, et un parti s'élever contre le gouvernement dont il blâme les actes, sans craindre pour leur propre autorité, sans en devenir plus jaloux. Le besoin de la mettre hors d'atteinte les entraîne à des injustices, à des partialités ; ils écartent des places ceux qui leur semblent dangereux ; ils les surveillent, ils s'entourent eux-mêmes d'un appareil plus formidable. Ceux-ci, aigris par ces injures, ou même seulement blessés de ces soupçons, deviennent des ennemis du gouvernement, de simples censeurs qu'ils étaient peut-être ; ce qui n'était qu'opinion devient une passion. Les précautions du gouvernement révèlent sa faiblesse, le mal qu'il redoute en donne l'idée :

> *Chi inganni sospitta,*
> *Alletti ad ingannar.*

On se croit prêt à être sacrifié soi-même, on croit lire l'arrêt de
sa proscription dans les mesures qui se prennent. Les choses en
viennent au point qu'il faut, nous semble-t-il, que nous détruisions
le gouvernement ou que nous soyons anéantis par lui, et nous cons-
pirons par un calcul de sûreté personnelle, par une sorte de nécessité autant que par ambition.

Ajoutez qu'il arrive entre deux partis naissants ce que nous
voyons se passer tous les jours entre deux individus qui ont un
principe d'humeur l'un contre l'autre ; pour fort peu de chose ils
s'injurient ou se croient injuriés ; une injure attire une seconde injure
beaucoup plus vive ; on se rend au centuple ce qu'on a reçu. L'imagination exagère tout en notre faveur et au désavantage de notre
adversaire ; on croit que tout nous est dû, on croit ne rien devoir ;
la haine s'alimente chaque jour et s'élève au plus haut degré ; les
offenses individuelles produisent l'effet des offenses générales ; le
sentiment s'en répand dans le parti avec une sorte de contagion.
l'esprit de faction se nourrit donc de ce qui lui est le plus étranger,
et il est bon d'observer encore que plus on est irrité contre ses
ennemis, plus on est uni entre soi et disposé à se venger réciproquement. Faut-il s'étonner si ces divisions, souvent frivoles dans leur
principe, finissent par produire de si terribles effets ?

J'ai dit que ces divisions sont inévitables dans les républiques ; je
dois ajouter que, sous un certain rapport, elles y sont aussi utiles.
Si elles ne servent point à conserver l'État et peuvent même le mettre
en péril, elles ont une certaine efficacité pour conserver le régime
républicain. Le repos y engendre la corruption ; le sentiment et
l'amour de la liberté produisent l'agitation et s'en nourrissent sous
les yeux de ses adversaires ; chacun se conduit avec plus de modération et de décence ; la crainte et les égards dûs à l'opinion rendent
le magistrat[1] plus fidèle à ses devoirs ; l'émulation donne une nouvelle activité au zèle pour servir la patrie, un nouveau ressort au
principe des grandes actions. On s'accoutume au danger, on est
forcé à la diligence. Je ne veux pas dire que, tout compensé, on ne
serait pas plus heureux dans le paisible et unanime accord de toutes
les volontés ; je veux dire seulement qu'il n'y aurait bientôt plus de
liberté publique. Qui sait, au reste, si l'autorité des premiers Médicis
n'eût pas été exercée d'une manière moins paternelle, moins équitable, moins bienfaisante, s'ils n'eussent pas senti dans l'État l'existence d'un parti qui fût devenu capable de les renverser, s'ils l'eussent fortifié, enhardi par leurs fautes ? N'est-il pas certain que ce
dût être pour eux une politique constante, de se maintenir dans

---

[1] Machiavel désigne sous le nom de *magistrat* le chef ou l'ensemble des
chefs de la république.

l'affection du peuple et de s'appuyer sur l'opinion, pour se garantir contre les effets de la jalousie à laquelle ils étaient en butte, et retenir dans l'impuissance les grands dont les efforts avaient réussi, une ou deux fois, à les culbuter, et n'attendaient peut-être que l'occasion de le pouvoir, pour le tenter encore ?

II

On peut distinguer de deux manières les divers partis : ou selon l'esprit qui les anime, ou suivant la classe particulière d'hommes dont ils se composent. Il importe de suivre ici ce double rapport.

Nous avons déjà observé que deux causes pouvaient donner naissance aux divisions : la différence des opinions, ou celle des intérêts. Parmi les intérêts même, nous avons distingué le besoin de l'équité, de celui de l'ambition, c'est-à-dire le besoin d'avoir une part égale aux affaires, du besoin de les maîtriser exclusivement ; enfin cette ambition même peut être celle d'un grand nombre, ou celle de quelques-uns ou d'un seul.

S'il existait deux partis auxquels l'opinion seule eût donné naissance, et qu'aucune vue d'intérêt ne vînt animer, on peut dire qu'ils seraient, de tous, les plus utiles et les moins nuisibles. Il est rare que les opinions aillent jusqu'au fanatisme ; et, hors de là, leur diversité produit la lumière, amène les réformes sans secousse et entretient la liberté sans détruire l'ordre et la paix.

Mais on ne trouve guère dans l'histoire d'exemples de divisions produites par cette seule cause ; du moins, si elle les avait seules engendrées, d'autres motifs sont bientôt venus se joindre et ont dénaturé son ouvrage, de sorte qu'on est réduit à dire, pour émettre une maxime capable de quelque application, que plus l'influence de cette première cause sera sensible et prépondérante dans le principe des divisions, moins ces divisions seront à craindre.

Celles que l'intérêt a déterminées sont bientôt portées à la passion ; elles engendrent le besoin de nuire, de se venger, et sont presque toujours accompagnées d'excès. Il y a cependant à cet égard une énorme différence entre celles qui sont déterminées par le seul besoin de l'égalité, ou celles qui ont pour principe l'amour de l'exclusion. Les premières se terminent avec la victoire du parti qui se trouvait inégalement partagé ; content d'avoir recouvré ses droits, il abdique son ressentiment ; le vaincu trouve encore de quoi se consoler dans ce qui lui reste, et tout rentre bientôt dans l'ordre. Mais les secondes divisions sont infiniment plus funestes dans leurs effets, elles sont interminables. Comme on y porte moins de justice et plus de fureur, elles sont accompagnées de plus d'excès. Le parti victorieux abuse toujours de la victoire ; il ne s'arrête que lorsque son adversaire est anéanti. Celui qui était opprimé devient oppresseur; il s'affaiblit, et son adversaire se relève; les passions, loin de s'apaiser, acquièrent un nouveau degré d'intensité, et par une longue et triste réaction d'injustices et de vengeances, on arrive à ne plus combattre seulement pour l'empire, mais encore pour la mort de son ennemi, et on ne retrouve la paix que dans le silence des tombeaux.

L'histoire de la république romaine et celle de la république florentine, comparées l'une à l'autre, nous offrent l'exemple le plus constant et le plus sensible de ces deux sortes de divisions. A Rome, le peuple ne se leva jamais que pour demander le maintien de ses droits; il voulut limiter la puissance du sénat, il ne voulut point détruire les sénateurs. Aussi ses insurrections conservèrent-elles toujours un caractère de sagesse et de régularité; elles ne durèrent qu'un instant. En traitant avec le peuple, le sénat obtint encore sans peine de conserver sa prééminence, et tous les vestiges du mécontentement disparurent dès qu'on eut satisfait au vœu de l'équité. A Florence, le peuple, en attaquant les nobles, ne chercha pas seulement à se garantir de leur oppression, il voulut même les exclure du gouvernement. Il leur enleva les droits communs à tous les citoyens; il institua des lois qui ne pesaient que sur eux; aussi fallut-il les anéantir pour avoir la paix. Tous les partis qui se formèrent de même après leur extinction, ne cherchèrent point à se contenir, mais à s'exclure. Les plus forts fermaient l'entrée des charges à leurs adversaires, et composaient les *bourses* des seuls noms de leurs amis. On ne se reposa donc que lorsque les Médicis demeurèrent les seuls maîtres de l'administration de la république.

Il est visible que les divisions de la dernière sorte supposent un certain degré de corruption dans la république. L'amour de la liberté est la passion des peuples encore simples, vertueux et voisins de la nature. Le goût de la domination suppose une nation déjà vieillie; mais les divisions qui naissent, au plus haut degré, de la corruption, sont celles dont l'ambition de quelques hommes est l'unique cause, en sorte que les citoyens ne combattent que pour le choix d'un maître : tels furent les Romains du temps de Sylla et de César. Ces dernières sortes de divisions sont les plus funestes pour la liberté, mais elles semblent l'être moins pour la tranquillité générale. Le peuple n'en est guère que spectateur; c'est dans la classe des grands que les victimes sont prises. L'issue qui décide des succès peut faire renaître la paix, mais elle voit périr la république.

Quant aux diverses classes d'hommes qui peuvent servir d'éléments aux partis, il faut aussi les étudier; car chacune a ses penchants, ses idées, ses moyens d'action, et donne par là un certain caractère à la faction qu'elle forme et aux effets qu'elle produit, si cette faction remporte la victoire.

La plus grande démarcation sociale est celle de la noblesse et du peuple. Dans le peuple même il y a trois divisions au moins bien marquées : la classe riche et la plus considérée, la classe moyenne, enfin la populace.

Il est impossible qu'il y ait un corps de nobles dans une république, sans qu'ils veuillent s'emparer exclusivement de l'autorité, et il est presque impossible qu'ils exercent cette autorité sans insolence. Ou la noblesse n'est rien aux yeux de ceux qui la possèdent, ou elle les place au-dessus des autres hommes, les destine à leur donner des lois sans en recevoir jamais d'eux. Comment des êtres qui se croient d'une nature plus excellente que le reste de la société, ne prétendraient-ils pas à la gouverner? La justice, à leurs yeux, n'est point dans l'égalité, elle est dans leur prééminence. D'ailleurs, les nobles n'ont rien à faire s'ils ne gouvernent, car ils dédaignent les professions utiles. Enfin les nobles sont élevés et nourris dans l'amour des entreprises, dans le désir de se distinguer, dans la passion de la gloire ; et tous les préjugés, toutes les habitudes dont se compose l'ambition dans le cœur des hommes, se réunissent éminemment en eux.

C'est donc en vain qu'on espérerait accorder les institutions démocratiques avec l'existence d'un corps de noblesse ; c'est en vain aussi qu'on chercherait à maintenir la paix dans une république qui renferme un ordre semblable, si le peuple y a un sentiment vif de ses droits, s'il veut réduire à de simples titres honorifiques les institutions de la noblesse et, surtout, s'il est tourmenté lui-même du besoin de la domination.

Quelques biens sont cependant unis à ces maux et naissent de la même source. Au dehors, c'est une attitude plus fière, de plus grandes entreprises, des actions plus héroïques ; au dedans, plus d'élévation et de générosité dans les manières et dans les mœurs ; on a de plus grands militaires et de plus grands hommes d'Etat. Machiavel nous raconte, comme une chose digne de remarque, que Florence, après l'extinction de sa noblesse, perdit une grande partie de son éclat, qu'on vit moins de bravoure dans ses guerriers, moins de politesse de mœurs dans ses citoyens. Une république de marchands pouvait être opulente, mais ne pouvait exciter l'admiration ni inspirer la crainte.

Les premières familles dans la classe populaire sont, à quelques égards, par rapport à leurs subordonnés, ce que la noblesse est au peuple. L'éclat de la fortune, le grand nombre d'individus qu'elle attache à la suite de celui qui la possède, la faculté qu'elle a d'être

transmise de père en fils par hérédité, donnent naturellement aux
riches une influence politique, et les portent presque inévitablement
aux honneurs, là où les honneurs sont ouverts à tous; ils y prétendent
comme à une sorte de patrimoine. Cependant de tels hommes use-
ront ordinairement de l'autorité avec plus d'égards et de modération. Trop de signes leur rappellent encore l'égalité que la nature
établit entre eux et les autres citoyens; ils ont dans leur nombre des
parents et des amis. Ce qui les élève au-dessus d'eux n'est qu'une
simple circonstance et comme un accident étranger à leur être; un
revers de fortune les replacerait subitement dans le niveau. D'ailleurs il n'appartient point à cette espèce de puissance, qui se fonde
sur les richesses, d'exalter l'imagination ni d'élever l'esprit de ceux
qui en sont revêtus; il ne lui appartient pas d'inspirer aux autres
hommes une aussi magique vénération, que le faisait la noblesse avec
sa pompe et l'ancienneté de ses titres.

Les riches sont élevés dans l'habitude du luxe et des commodités
de la vie; ils cherchent plus encore à jouir qu'à se distinguer. Ils
tiennent à leur richesse et en dépendent, parce que c'est d'elle seule
qu'ils reçoivent toute leur existence politique. En combinant ces
données avec les précédentes, on comprendra que les partis, dirigés
par de tels hommes, n'auront jamais un aussi grand caractère d'audace et de violence, que leur triomphe ne sera jamais suivi d'aussi
grands excès, que l'usage qu'ils feront de la puissance sera toujours
plus conforme aux règles de la prudence et de l'équité, que leurs
entreprises manqueront souvent de vigueur, leurs desseins de grandeur, leurs résolutions de persévérance. Ils seront aussi en butte à
la jalousie. Les nobles, s'ils occupent le sommet du pouvoir, redouteront l'influence de ces parvenus de la richesse; s'ils n'ont point de
part au gouvernement, ils ne les verront qu'avec une sorte de rage
occuper un poste qu'ils croient leur appartenir et dont ils ont connu
tous les avantages. Les familles populaires du second ordre, qui con-
voitaient déjà leur opulence, convoiteront encore leur autorité; elles
se rappelleront sans cesse leur commune origine; elles souffriront
sans cesse de penser que le hasard seul de la fortune a placé entre
elles une aussi grande distance; elles ne respecteront point une élévation dont le principe est souvent peu honorable; elles envieront
une autorité dont elles se croiront aussi capables, aussi dignes que
ceux qui la possèdent.

Du moment où la domination des nobles fut abolie à Florence, et où
l'aristocratie de la naissance fut remplacée par celle de la richesse,
nous voyons qu'on fit bientôt aux nouveaux patriciens les mêmes
reproches qu'on avait faits aux anciens; nous voyons qu'ils y donnè-
rent lieu plusieurs fois. Cependant, en général, ils usèrent du pouvoir

avec plus de décence; le peuple trouva en eux des protecteurs et souvent des pères. Les Médicis enfin, pendant plusieurs générations, firent bénir leur puissance, n'eurent presque d'autre appui de leur autorité, que le respect qu'inspiraient leur vertu et le souvenir de leurs bienfaits. Cosme et Laurent mirent souvent un frein à l'exagération de leurs partisans. L'histoire offre peu de tableaux aussi touchants que l'état de la république florentine sous leur administration paternelle. Il faut mettre, sans doute, beaucoup sur le compte de leurs qualités personnelles; mais on ne peut s'empêcher aussi de reconnaître, dans le système qu'ils suivirent, l'influence de l'éducation et des habitudes.

Il n'est guère ordinaire à la classe moyenne de désirer le pouvoir pour elle-même, et il faut dire aussi qu'il lui est difficile de le conserver. Les philosophes remarquent que c'est surtout dans les conditions extrêmes de la société, que naissent et s'alimentent les passions violentes. Dans la classe intermédiaire la médiocrité de la fortune n'entretient dans le cœur des autres citoyens que des désirs modestes. C'est là que se conserve mieux le sentiment de l'équité; c'est là que les occupations privées laissent moins de loisirs pour s'occuper des affaires publiques; c'est là, enfin, qu'on prend plutôt intérêt aux résultats moraux et généraux du gouvernement, qu'au choix de ceux qui le dirigent; je veux dire que le sentiment qu'on en a porte plus sur les choses que sur les personnes. On y a besoin de l'ordre, de la justice et de la paix, mais on y est peu en butte aux vengeances du parti vainqueur, mais on y a moins d'espérance de profiter individuellement de son succès. Ce n'est guère sur les individus de cette classe que tombent les proscriptions; ce n'est guère pour eux, en aucun cas, que sont les places.

Il est donc rare que la classe dont je parle prenne une part très-active aux révolutions. Si elle s'y mêle, c'est un signe que le parti qu'elle embrasse a un assez grand fondement de justice; c'est aussi un sujet d'espérer qu'il se contiendra dans des bornes raisonnables. Elle cherchera moins d'ordinaire à se réserver à elle-même les places de la république, qu'à y porter ceux des individus compris dans les classes supérieures, qu'elle présume devoir lui être favorables, et en qui elle a reconnu un caractère populaire, équitable et modéré.

L'instinct qui semble porter les hommes de la classe moyenne du peuple à choisir toujours ses magistrats dans les classes placées au-dessus d'eux, est fondé sur leurs véritables intérêts. Si cette classe voulait s'attribuer exclusivement l'autorité, elle ne saurait en jouir longtemps; elle se trouverait placée entre deux actions puissantes et opposées qui la détruiraient bientôt. L'une est l'influence des grands et des riches, l'autre est la force physique de la populace. D'ailleurs la classe moyenne ne saurait guère tirer de son sein des hommes capables de défendre vigoureusement l'Etat au dehors ni de le gouverner sagement au-dedans.

Il est deux états de choses également agréables à la basse classe du peuple, la tyrannie et la licence; Machiavel en fait plusieurs fois la remarque. Une circonstance commune plaît à la populace dans ces deux extrêmes : c'est qu'elle trouve dans tous deux un presque égal intérêt, car le despote la caresse et la flatte parce qu'il a besoin d'elle pour effrayer et contenir les autres classes des citoyens. Il prendra quelquefois parti pour la noblesse contre la bourgeoisie; alors l'orgueil et les passions de la basse classe sont flattés de voir dans l'humiliation et la souffrance ceux qui étaient placés immédiatement au-dessus d'elle, et dont le bonheur et la supériorité la faisaient surtout souffrir. Elle porte moins d'envie aux nobles, parce que, ne les apercevant qu'à une grande distance, elle les prend moins souvent pour l'objet de ses comparaisons.

Le bas peuple aime les spectacles ; il veut des choses qui l'étonnent et qui le remuent, et c'est encore une des raisons pour lesquelles il chérit les situations extrêmes.

Ce n'est pas assez dire : le bas peuple se complaît dans la vue du mal, et cette remarque appartient encore à Machiavel. La vue de la désharmonie a pour lui un charme secret et constant; la vue de l'ordre ne l'exalte point ; il n'aperçoit dans les idées de l'ordre que celles de la gêne et de la contrainte. Tel est l'effet de l'habitude de l'avilissement et du sentiment trop vif de la misère, et cela encore porte la populace à aimer les situations extrêmes.

Elle a un goût décidé pour les révolutions. Les mêmes causes que nous venons d'énoncer se reproduisent encore ici. De plus, ces sortes de gens ont, comme on dit, tout à gagner, rien à perdre dans ces bouleversements politiques. L'intervalle seul de désordre qui s'écoule nécessairement dans le passage d'un état à l'autre les délivre un instant du joug des lois, et leur assure, par le pillage et d'autres excès, des avantages auxquels ils sont sensibles. Enfin, pendant la révolution, ils jouissent d'une sorte d'importance, ils jouent un rôle. Ne fissent-ils que goûter l'oisiveté et voir rompre la triste uniformité de leurs travaux journaliers, ce serait déjà pour eux un grand bonheur.

Si le mécontentement se manifeste quelque part dans la société, ils sont toujours prêts à s'y associer, lors même que le sujet leur en serait absolument étranger. Ils font chorus avec celui qui se plaint, parce qu'ils sont eux-mêmes tourmentés du besoin de se plaindre. L'habitude de la souffrance donne une humeur chagrine et inquiète.

Enfin la populace attache une sorte d'amour-propre à soutenir celui qui paraît opprimé, à braver ceux qui sont puissants, à contrarier ceux qui commandent.

Aucun des motifs qui décident la populace à servir un parti n'est donc déduit de la raison et de la justice ; il semble même qu'elle donnera la préférence au parti le moins raisonnable et le moins juste.

Si elle embrasse une cause sans choix, elle la sert avec fureur, et son triomphe est toujours accompagné d'excès. La multitude ne connaît point la modération ; tous ses sentiments sont extrêmes. La populace est féroce, elle a soif de sang ; elle ne rentrera point dans le repos, qu'elle n'en ait versé, et que quelque victime ne lui ait été sacrifiée. On ne peut lire, sans frémir, le détail de ces scènes où s'est déployée la fureur populaire. Il fallait que chacun vînt assouvir sa rage sur les restes du malheureux qui avait été immolé. Vous eussiez dit que les insurrections de la multitude, à Florence, étaient moins le déploiement d'une faction politique, que l'atroce besoin d'un peuple de cannibales ; elle voulait moins renverser la tyrannie, que mettre en pièces le tyran.

Il en est des passions de la multitude comme de tout ce qui est immodéré ; elles ne sont point durables ; un petit nombre de victimes lui suffit. Quelques gouttes de sang humain sont le remède infaillible de cette fièvre terrible, comme elles en sont le remède unique. La lassitude et l'amour du repos succèdent bientôt à ces scènes tumultueuses ; le peuple se dégoûte de ses propres excès dès que la nouveauté du spectacle a cessé, dès que la première émotion est calmée. La rapidité avec laquelle il s'apaise offre même les plus singuliers effets. On le voit souvent honorer, protéger, élever au-dessus de lui des individus qu'il cherchait à massacrer quelques heures plus tôt. En un instant le passé s'efface de son esprit ; il ne voit plus que le malheur et le mérite ; ses habitudes d'obéissance et de respect se réveillent. On le vit à Florence, à la suite d'une révolution, créer chevaliers un grand nombre de puissants dont il avait, le jour même, pillé les palais et demandé le supplice.

Son affection, au reste, est aussi inconstante que sa fureur est passagère ; les bienfaits qu'il a reçus ne laissent aucune trace dans sa mémoire ; il détruit souvent son propre ouvrage ; il se lasse de tout ce qui dure, il sert tour à tour des partis opposés ; il applaudit à tous les vainqueurs, il insulte à tous les vaincus. L'infortune efface, à ses yeux, tous les traits de la grandeur et de la vertu ; on n'existe plus pour lui dès qu'on est absent ; il faut se montrer à lui pour le faire agir, comme souvent, aussi, il suffit de se montrer à lui pour le calmer.

La plus légère circonstance peut lui faire adopter tout d'un coup

les idées dont il était le plus éloigné, les résolutions les plus impré-
vues, et ces idées, ces résolutions se propagent avec une facilité et
une rapidité incroyables. Le peuple de Florence s'était armé pour
demander quelques réformes dans le gouvernement, surtout pour
soutenir les réclamations du parti opprimé et faire cesser les proscriptions auxquelles il était en butte. Il l'avait emporté; on était
d'accord; tout était fini; le magistrat avait promis, et le peuple ne
semblait pas en vouloir au magistrat. Soudain un mouvement spon-
tané porte le peuple à s'emparer du palais; il y entre; un simple
ouvrier, à peine connu de ceux qui le suivent, Michel de Lando
monte sur une table et s'écrie : « Nous voici les maîtres; or, que
voulez-vous maintenant? — Que tu gouvernes, répondent toutes les
voix, » et Michel est investi de l'autorité, et toute la forme du gouvernement est changée.

Sous ce rapport il semble aisé de diriger les mouvements de la
multitude et de l'amener à ses fins; mais on perd sa confiance aussi
aisément qu'on la prend; un rien suffit pour la refroidir, comme
un rien suffit pour l'exalter. C'est assez d'un mot pour répandre le
soupçon et la défiance dans tous les esprits; le moindre signe d'hésitation, de timidité, de division entre les chefs, arrête et éteint la
plus brillante impétuosité. Enfin le premier moment décide de tout :
on a vaincu la multitude, si l'on n'est pas vaincu tout de suite par
elle. Elle ne sait ni persévérer ni se ranimer après un revers.

Si le bas peuple a fait tourner une révolution à son avantage, s'il
s'est attribué l'autorité dans la république ou seulement une portion de l'autorité, s'il a nommé des magistrats pris dans son sein, il
n'y a pas à craindre que cet empire soit de longue durée; un tel
état de choses a contre lui non-seulement l'unanimité des classes
supérieures, mais encore une grande partie de la multitude elle-
même. Elle a bientôt honte de sa propre domination; elle s'en dégoûte; les magistrats qu'elle s'est donnés ne lui inspirent que le
mépris; leur incapacité se montre de toutes parts; le commerce et
l'industrie sont arrêtés, tout languit : le peuple sent que les choses
ne sont point dans l'ordre. Il suffit aux classes supérieures d'user de
l'influence naturelle que leur donnent leurs lumières et leurs fa-
cultés, pour recouvrer sans effort le pouvoir qu'elles ont perdu. Ce
fut en vain que, par une nouvelle division des *arts*, par une plus
grande multiplication des *arts* inférieurs, le bas peuple espéra avoir
fondé sa prépondérance d'une manière solide, en se réservant le
plus grand nombre des votes dans la république. Cette institution
croula bientôt d'elle-même, et on demanda, d'une commune voix,
de faire sortir des magistratures les artisans qui y siégeaient à côté
des hommes d'une condition supérieure. Tous les yeux étaient cho-

qués du mélange, et ceux mêmes auxquels il semblait être favorable en sentaient la désharmonie.

La disposition qu'a le commun des hommes à se mêler aux partis, à les servir, à concourir aux révolutions, ne se maintient pas toujours, au reste, dans le même degré d'activité; elle s'épuise, elle se dissipe avec le temps, et elle disparaît même avant que la nature des choses amène la chute des formes républicaines. Ceux qui se fondent trop sur les expériences passées, qui se flattent d'exalter le peuple, de se voir secondés par lui parce qu'ils se rappellent quelques exemples d'un semblable succès, sont souvent exposés à un terrible mécompte. C'est que les mobiles que l'on emploie pour exciter les hommes perdent de leur force à mesure qu'ils perdent de leur nouveauté; c'est que, par une longue répétition, ils deviennent même impuissants; c'est qu'on se passe des révolutions et qu'on s'aperçoit de leur inutilité; c'est qu'on voit, à la fin, que tous les changements opérés dans le gouvernement changent peu l'état des gouvernés; c'est que plus on va, plus les lumières se répandent, plus le luxe s'étend, plus les mœurs se corrompent, et que cela concourt à affaiblir le foyer des passions politiques dans le cœur de la généralité des hommes. Ainsi les exilés qui, en 1397, croyant pouvoir se fonder sur le mécontentement du peuple, voulurent tenter d'enlever l'autorité à Thomas Albizzi, eurent beau répéter les cris magiques qui avaient tant de fois soulevé la multitude, ils eurent beau donner l'exemple de l'audace, la curiosité seule, et non le désir de les seconder, assembla le peuple autour d'eux. Il entendit, sans s'émouvoir, leur harangue; il voulut être témoin du spectacle, mais non partager le péril. Ainsi encore on tenta vainement plusieurs fois, sous les Médicis, de recourir aux émeutes populaires; le peuple fut sourd aux instigations; loin de prêter assistance aux conjurés contre les deux frères Pierre et Jules, il blâma hautement leur entreprise; le goût des insurrections était passé : on était heureux, et on avait la sagesse de s'en tenir à cette situation prospère.

III

En examinant les moyens par lesquels on parvient à conserver ou à acquérir le pouvoir, on se demande d'abord si l'influence d'un caractère distingué de moralité et de sagesse vaut à ceux qui le possèdent quelque force politique, si elle peut aider, balancer celle qui naît du crédit, des habitudes, des intérêts, des passions, et quelle est l'étendue de cette force.

On ne saurait en nier l'existence lorsqu'on a sous les yeux l'histoire florentine; les Médicis en sont un des plus frappants exemples. La vertu, plus que toutes les autres circonstances, leur fraya la route au souverain pouvoir et les y maintint. Avant eux, déjà, nous rencontrons plusieurs exemples d'hommes puissants par l'estime. En général, un caractère vénérable ne se produit jamais dans une république sans se concilier des suffrages et obtenir une influence; mais cette influence peut être plus ou moins limitée, selon que la corruption est plus répandue ou que les passions sont plus exaltées; jamais elle n'est suffisante. Dépouillée de tout autre appui, loin de conserver le pouvoir entre les mains de ceux qu'elle entoure, elle ne saurait même souvent les garantir de la proscription personnelle. L'histoire est pleine de ces exemples. Catherine de Médicis fut quelque temps en exil; Benoît d'Alberti y mourut: cependant la réputation de sa vertu était telle encore, que ses ossements, rapportés à Florence, y furent reçus avec toutes les marques publiques de la vénération. Il ne servit de rien à Michel de Lando d'avoir usé avec modération et sagesse du pouvoir que la populace lui avait accordé, d'avoir fait régner la justice et servi la patrie avec zèle; il fut exilé par ceux-là mêmes qu'il avait protégés contre l'insolence de la multitude.

Nous avons aussi dans l'histoire florentine quelques exemples de l'empire de la raison. Dans la bouche d'un homme éloquent, elle put quelquefois arrêter des mouvements populaires ou ramener les puissants à un système plus modéré.

En général, la raison peut davantage sur le peuple que sur les grands. Ceux-ci ont un système formé à l'avance et dont ils ne sont point disposés à se départir. Ceux-là ne se conduisent que par l'impression du moment; ceux-ci n'écoutent que ce qui flatte leur ambition. Ceux-là écoutent quelquefois ce qui est juste. Cependant il n'est guère que deux moments où le peuple lui-même soit accessible aux avis de la sagesse : c'est celui où le mouvement commence et celui où il se termine. Un peu d'hésitation se manifeste toujours en lui quand il s'ébranle. S'il combat, il est moins aisé de le vaincre que de lui enlever le fruit de sa victoire; on dirait qu'il veut plus le moyen que la fin. Il est aussi puissant quand il n'est besoin que d'agir, qu'il est faible quand il est question de délibérer.

Passant aux autres moyens politiques de conservation ou d'attaque, je remarque que deux fautes perdirent constamment, à Florence, le parti dominateur, sans que jamais ces exemples servissent à corriger ceux qui lui succédaient. Ces deux fautes furent les divisions qui se formèrent dans ce parti même, et l'insolence qu'il déploya dans l'exercice de l'autorité. Ce fut aux longues divisions des nobles que le parti populaire dut enfin son triomphe. Ce furent celles des riches qui précipitèrent un instant la république sous la domination de la populace. Ce furent les divisions des Albizzi et des Ricci qui aidèrent surtout Jean de Médicis à fonder la puissance de sa famille. Cette puissance fut la seule qui dura : c'est qu'elle imitait les formes monarchiques et rappelait tout le gouvernement à l'unité, c'est que les Médicis furent constamment les pères du peuple et ne conservèrent l'autorité que pour la faire aimer.

Il est, pour ceux qui gouvernent dans la république, deux dangers opposés entre lesquels il est difficile de marcher longtemps : l'un est la négligence, l'autre est l'abus du pouvoir. Celle-là enhardit les ennemis du gouvernement, celui-ci les multiplie. Si le magistrat est négligent, il suffit que les mécontents veuillent et osent, pour qu'ils puissent ; s'il abuse du pouvoir, la guerre est du moins certaine, quelque douteux que soit le succès.

Il n'est pas de gouvernement sous lequel n'existent des mécontents ; à leur défaut, les ambitieux suffiraient pour faire un devoir au magistrat de se tenir constamment sur ses gardes. Mais la vigilance, mais la prudence entraînent inévitablement quelques mesures arbitraires ; il suffit qu'un homme soit à la fois suspect et à craindre, pour qu'on croie devoir le réduire à l'impuissance. Cependant un homme suspect est souvent innocent, et les soupçons peuvent être hasardés. D'ailleurs, quoique légitimes, ils n'existent que dans l'esprit du magistrat ; leurs preuves ne portent point de caractère qui puisse frapper le public et le convaincre. Il voit donc les mesures dont l'homme suspect est l'objet, sans connaître les raisons qui les justifient, et ces mesures sont qualifiées d'injustice.

Cet inconvénient est surtout sensible à la suite des révolutions, lorsqu'il existe encore dans l'Etat un parti nombreux qui, peu de temps auparavant, était en possession du pouvoir, qui ne voit dans les magistrats que d'heureux rivaux. C'est alors surtout que ceux qui gouvernent ont besoin de tenir les yeux ouverts, et c'est alors aussi que les esprits sont plus disposés à ressentir les injustices, qu'il existe plus d'hommes intéressés à les signaler. C'est alors enfin qu'il importe surtout de se concilier l'opinion publique ; une autorité nouvelle a besoin de chercher dans le bonheur du peuple un appui que les habitudes du peuple ne lui donnent pas.

On chercherait en vain à déterminer, d'une manière fixe, la conduite à tenir pour éviter de tomber dans l'un de ces deux écueils. C'est souvent une entreprise impossible, c'est toujours une entreprise nuisible, que celle de chercher à anéantir tous les hommes qu'on redoute. C'est souvent aussi une espérance frivole, que de se flatter de les gagner par des bienfaits. Le parti vainqueur s'attacha constamment, à Florence, au premier de ces deux moyens ; on réussit à chasser à jamais les gibelins et les *blancs* après eux, on réussit à anéantir la noblesse ; mais ces mesures ne furent prises qu'au grand détriment de la république, et ce fut peut-être à elles qu'on dut, en partie, le caractère violent et impétueux qu'y eurent constamment ses factions. On savait qu'on n'avait aucune grâce à attendre de ses adversaires ; tous ceux qui y prenaient part savaient qu'il s'agissait, pour chacun d'eux, de la proscription ou de l'empire.

On voit ici combien il importe de discerner quel est le vrai principe qui donne naissance aux factions, car la manière dont le gouvernement doit se conduire à leur égard varie avec ce principe. Si le mécontentement du peuple n'a pour motif qu'un besoin de justice, s'il ne fait que réclamer des droits et n'étend pas ces vues au-delà, on peut, en cédant, l'apaiser, l'attacher même plus que jamais à l'autorité ; tous les moyens doux sont alors salutaires. Mais si l'agitation a surtout pour causes un besoin de domination et l'amour de la nouveauté, toute concession n'est alors qu'un acte de faiblesse, tout compromis avec ces passions n'est qu'à leur avantage et au détriment de celui qui gouverne. Il fournira de nouveaux moyens aux factions sans assoupir leur activité ; il l'accroîtra même en relevant leurs espérances ; plus on fera pour les mécontents, et plus ils manifesteront d'insolence ; les factions semblent dire, en recevant de nouvelles faveurs, ce qu'Argante disait à Godefroid, en recevant de lui le présent d'une épée :

Vedrai ben tosto
Come dame il tuo dono in uto é posto.

Au reste, ces mécontentements eux-mêmes, qui naissent du premier principe, ne s'apaisent pas toujours avec un égal succès, au moyen des concessions de ceux qui gouvernent. Dans l'origine, lorsque la fermentation n'a pas encore acquis un grand degré d'activité, on l'éteint à peu de frais ; mais lorsque les esprits sont exaltés, lorsque les réclamations ont été faites et n'ont point été écoutées, souvent les plus grands sacrifices suffiront à peine, et il deviendra même dangereux de montrer de la faiblesse. Ce serait faire une seconde faute, que de réparer ainsi la première. Enfin lorsque la guerre est ouvertement déclarée, qu'on a pris les armes, que les chefs du gouvernement sont affaiblis, prêts à être vaincus, tout ce qu'on accorderait alors ne retarderait pas leur perte d'un instant. On ne leur sait pas le moindre gré d'un abandon auquel ils sont contraints par la force ; le mépris se joint à la haine. Ce n'est plus seulement la satisfaction des griefs que l'on demande, ils ont même cessé d'être la fin principale qu'on se propose. Ce qu'on veut surtout, c'est l'expulsion des magistrats, c'est l'abolition d'une autorité qui s'est montrée injuste et tyrannique. Quand le peuple fait tant que de livrer un combat à ceux qui le gouvernent, c'est un combat à mort.

Le duc d'Athènes offrit en vain aux Florentins de recevoir la loi qu'ils voudraient lui imposer ; il fallut s'enfuir. On ne voulait plus d'un gouverneur à la fois oppresseur et lâche, aussi incapable de conserver le pouvoir que d'en bien user.

C'est une grande difficulté pour ceux qui gouvernent, de se garantir des deux inconvénients opposés, d'une vigilance qui devient vexatoire, ou d'une bonté qui dégénère en négligence ; ce n'est pas un moindre embarras pour un parti qui cherche à renverser le gouvernement, d'éviter les deux écueils d'un trop long retard ou d'une trop grande précipitation dans l'exécution des plans conçus. Le grand art des conspirations est de savoir saisir le moment opportun ; le choix de ce moment est le sujet ordinaire des hésitations, des divisions des conjurés. En retardant, on a l'avantage d'accroître le nombre de ses partisans, de s'assurer de nouveaux moyens, de mieux mûrir ses desseins ; les hommes de génie veulent agir immédiatement, les hommes prudents veulent suspendre ; mais aussi, en retardant, les passions se calment, l'union s'affaiblit, la possibilité des trahisons devient plus grande, on s'expose davantage à être découvert par la vigilance du gouvernement. Ces derniers inconvénients sont si grands, qu'on peut regarder comme une règle générale, qu'il vaut mieux entreprendre trop tôt que trop tard ; la première faute ne fait que diminuer la possibilité du succès, la seconde la détruit. On voit souvent réussir des entreprises dirigées avec précipitation et témérité ; on ne trouve presque point d'exemples d'entreprises ajournées qui aient produit quelque effet.

Ainsi, le moment marqué pour une entreprise doit toujours être le plus tôt possible ; il doit suffire d'avoir réuni la somme de moyens rigoureusement nécessaire. En second lieu, l'effort sur lequel repose l'entreprise doit être aussi central que possible ; plus l'attaque s'exécute immédiatement sur le cœur même du gouvernement, et plus on peut économiser ses forces. La raison en est simple : la force du gouvernement n'est que dans un faisceau de moyens dispersés, souvent dans une simple puissance. Il faut que ces moyens soient mis en jeu, réunis, dirigés, il faut que cette puissance soit réduite à l'acte. Si vous parvenez à vous saisir de la personne des gouvernants, si vous parvenez seulement à intercepter la communication entre eux et ceux qui doivent les seconder, leurs moyens d'action deviennent inutiles, leur puissance est paralysée ; vous avez l'avantage d'attaquer un à un ceux de vos ennemis qui se trouvent armés. Pour empêcher qu'ils ne reçoivent du secours, vous n'avez guère ordinairement que quelques gardes à désarmer, vous n'avez jamais d'armée à combattre.

Si le premier théâtre de votre entreprise est placé, au contraire, à une certaine distance du siége du gouvernement, vous lui donnez le temps de prévoir, de préparer, d'ordonner: il faut alors que la somme de vos moyens surpasse ou du moins égale la somme des moyens qu'il peut vous opposer, et ce cas est très-rare.

Le désavantage est bien plus sensible encore si c'est sur la frontière même de l'Etat que le choc a lieu, et si ceux qui attaquent sont unis à des étrangers ; un préjugé naturel au peuple lui fait considérer comme ennemis tous ceux qui se présentent, à main armée, sur les frontières, pour envahir le territoire de la république, et qui sont secondés par des peuples voisins auxquels on ne suppose jamais d'intentions bienveillantes dans une invasion semblable. Il arrive donc deux choses funestes au parti des assaillants. Le plus grand nombre de ceux qui prenaient leur défense et s'intéressaient à eux lorsqu'ils n'étaient que proscrits, commencent à les blâmer et refusent de leur prêter appui. Le peuple, lors même qu'il avait quelque sujet de mécontentement à l'égard de ses magistrats, les oublie facilement dès qu'il aperçoit le danger de la patrie. Les diverses factions se réunissent contre un ennemi commun ; les assaillants perdent donc leurs avantages les plus précieux, ils n'ont plus à espérer que dans le succès toujours incertain d'une guerre ordinaire ; je me trompe, ce n'est point ici une guerre ordinaire, c'est une guerre qui s'annonce pour tendre à l'entier renversement de l'Etat qu'elle attaque, et ce sont les plus incertaines de toutes.

Depuis le commencement des troubles de Florence jusqu'à la fin de la république, il y eut toujours hors de son sein un grand nombre de bannis, plus avides encore de rentrer sur son territoire, que les ambitieux ne pouvaient l'être de s'emparer de l'autorité. Ils ne cessèrent d'engager les puissances voisines et jalouses de Florence à prendre part à leurs querelles ; il les flattèrent d'être puissamment secondées par les amis qu'ils avaient conservés dans leur patrie, par la foule de mécontents qu'engendrait toujours chaque état de choses. Le roi de Naples, le Pape, les Vénitiens et le duc de Milan cédèrent tour à tour à ces invitations ; des ligues puissantes furent formées ; Florence ne fut jamais conquise. Si elle fut quelquefois soumise à des souverains étrangers, au roi de Naples ou de France, ce fut le besoin de sa propre sûreté qui la porta à se soumettre volontairement elle-même, pour quelque temps, à leur domination, afin d'avoir en eux de puissants protecteurs. Les bannis ne rentrèrent jamais par la force des armes ; ils s'approchèrent quelquefois des portes mêmes de Florence, mais des révolutions intérieures furent seules capables de les leur ouvrir.

Pour attaquer un gouvernement au centre même de sa puissance, il ne faut pas un courage ordinaire ; rien ne paraît plus téméraire au premier coup d'œil. C'est là que sont rassemblés ses moyens les plus redoutables ; c'est là que sa vigilance s'exerce d'une manière plus prochaine et plus active ; c'est là qu'entourée d'un plus grand appareil, elle en impose davantage à l'imagination des hommes. L'entreprise est hardie, les dangers sont frappants, mais ces pensées n'arrêtent que les hommes ordinaires ; c'est l'épouvantail de la multitude, c'est plutôt un sujet d'étonnement qu'un sujet de crainte. La magie est sans effet, si l'on sait la mépriser. De plus, la même cause qui étonne ici les esprits vulgaires, produit la sécurité de ceux qui gouvernent. Le même préjugé qui fait tomber les armes des mains de ceux-là, empêche le gouvernement de se mettre en état de défense ; ce qui produit ici sa solidité apparente, produit effectivement sa faiblesse réelle. Après tout, il faut le dire, pour conduire à son terme une conjuration quelconque, il faut, de toute nécessité, un héros ou un fou. Ainsi la difficulté, quoique fondée peut-être pour d'autres, n'entre point ici en ligne de compte.

On l'a dit avec raison et de tristes expériences l'on prouvé, *oser* est un conseil efficace en matière de révolution. Osez, car c'est alors que vous surprendrez votre ennemi et que vous le trouverez moins sur ses gardes ; osez, car c'est alors que votre ennemi osera moins lui-même. La force que vous affecterez vous donnera une force réelle, on vous supposera toutes les ressources que votre action suppose ; la force même qui reste à votre ennemi sera réduite, car la crainte est toujours en proportion avec la surprise, et la crainte d'être vaincu prépare déjà la défaite. C'est en assaillant une citadelle par son côté le plus escarpé et le plus inacessible, que les grands généraux réussissent souvent à l'emporter.

Cela me conduit à une troisième observation : c'est que, lorsque le moment de l'exécution est arrivé, il faut y porter la plus grande célérité possible. Que le coup décisif soit tenté dès la première attaque ; réunissez pour le premier coup tout ce que vous avez de forces ; que votre adversaire passe immédiatement de la plus profonde paix au plus imminent péril ; que paraître, s'armer, se réunir, fondre sur l'ennemi, assaillir ses chefs, ne soient, s'il se peut, qu'une seule et même action. Tout l'intervalle qui s'écoule entre le premier signal de la révolte et la tentative qui en est le terme, est une source féconde d'obstacles et de dangers. Ce n'est pas seulement parce que la rapidité de votre attaque ne donne pas à votre ennemi le temps d'appeler et de recevoir du secours, c'est aussi, c'est surtout parce qu'elle lui ôte même, en quelque sorte, la faculté de le vouloir. Comme l'autorité n'est rien que par les ordres qu'elle donne, les ordres font défaut s'il n'y a point de plans, de dessein. La conception

d'un plan suppose la connaissance des vues et des moyens de son
ennemi, une déduction, une délibération, un calcul; si donc vous ne
laissez point aux chefs du parti que vous voulez renverser le loisir
de combiner et de réfléchir, vous portez l'incertitude, le désordre
dans leurs conseils; vous paralysez la résistance dans son premier
principe, l'action de celui qui la dirige; vous avez écarté l'arme la
plus puissante, les lumières et la sagesse. Quelque petit que soit
votre nombre, ne faiblissez point devant des légions entières; elles
n'ont point de général, c'est un corps sans âme.

Au premier instant, toutes les chances sont pour vous, mais chacun
des instants qui suit en emporte une. Si le gouvernement soutient
quelque temps la partie égale, il est bientôt victorieux; si vous
laissez le loisir de la réflexion, plusieurs déserteront votre parti; ils
sentiront la témérité de leur entreprise, ils en redouteront les suites,
ils regretteront de s'être déclarés pour vous. Dans ce moment
d'incertitude, que produira l'égalité des efforts des deux partis? Au
milieu de l'effroyable spectacle du combat, à la vue de la résistance,
à la pensée que la défaite est possible et même probable, une
lumière nouvelle et terrible frappera les esprits. On ne voyait jusqu'alors que les heureux résultats de la réussite; plusieurs ne verront plus, en ce moment, que les désastreuses conséquences de la
déroute, et se rappelleront l'état paisible et tolérable auquel ils se
sont arrachés. Passez comme l'éclair au travers de la ville, en mar-
chant à l'attaque comme à une victoire assurée, en invitant le peuple
à vous suivre; nombre de gens vous suivront, en effet, et personne
ne pensera à vous arrêter. Mais si l'on apprend que vous combattez
depuis quelques heures sur la place publique, que le combat est
sanglant et que les destinées se balancent, l'étonnement fait place à
l'effroi. Par contre, les citoyens qui sont attachés au gouvernement,
qui ne s'étaient point mûs d'abord, par terreur ou par ignorance, en
apprenant que le magistrat résiste, qu'il y a un noyau auquel ils
peuvent se rallier, en réfléchissant aux malheurs qui les menacent
si l'autorité succombe, reviennent de leur premier étourdissement;
ils accourent autour du magistrat. Le mouvement de la passion est
rapide, le raisonnement du devoir est lent. Ceux qui obéissent aux
suggestions séditieuses ne s'inquiètent guère de savoir où on les
conduit; ils croient à un dessein formé, les autres ne marchent qu'à
bonne enseigne. Ceci suppose, au reste, que le gouvernement soit
aimé, qu'on puisse regarder son danger comme celui de la patrie;
autrement, pendant que les forces opposées se balancent, dans les
cœurs s'éveillent les motifs de haine qui y étaient ensevelis et l'espérance de s'affranchir. Une foule d'hommes qui n'eussent point commencé une révolution, la secondent; une foule d'hommes qui eus-

sent blâmé l'entreprise comme imprudente, s'y réunissent dès que les chances sont devenues égales.

Supposons qu'une bête féroce fonde inopinément au milieu d'un village et mette en pièces les premiers infortunés qui s'offrent à elle; l'épouvante est générale, on ne songe qu'à fuir, on se disperse, on lui laisse le champ libre. Mais bientôt après on revient à soi, on se réunit, on entoure l'animal farouche, on l'attaque, il est massacré : vous qui vous insurgez, voilà votre histoire.

Je frémis en traçant la marche que l'on doit suivre en s'insurgeant. Je sais combien il est rare qu'une insurrection se trouve être légitime et morale, et si je me prononçais ici pour ceux qui s'insurgent, je servirais le crime bien plus que la vertu. Mais si j'étudie, si je dévoile l'art terrible des révolutions, c'est surtout pour apprendre comment on doit les arrêter.

Vous qui gouvernez, prévenez donc votre ennemi dès qu'il vous est connu; n'attendez pas qu'il vous attaque; votre diligence vaudra pour vous des armées. Que si vous êtes cependant assaillis, faites tout pour soutenir le premier choc; si vous tenez bon, vous avez vaincu; si le poignard de votre ennemi trouve votre sein cuirassé, il s'émousse, il se brise. Opposez aussi l'audace à l'audace, mais non point au même degré; le séditieux calcule peu le danger; un degré de plus ou de moins n'est rien à ses yeux. Vous avez des ressources qu'il n'a pas; il n'a qu'un coup de dé, il y met toute sa fortune.

Remarquons que de toutes les batailles qui peuvent se livrer, celles dont l'intérieur d'une ville est le théâtre, celles dont une sédition est la cause, sont celles dont le succès dépend moins de la tactique et plus des impressions produites dans l'imagination des hommes; car ce sont celles où il y a moins d'ordre et de discipline. Il n'y a en quelque sorte que des soldats, et point de chefs. Ce n'est point une classe de citoyens qui lutte avec une autre, c'est la passion qui combat contre la passion; c'est le courage et non l'arme, qui fait la force. Aussi le moindre ébranlement produit dans le cerveau des hommes opère ici les plus étranges effets; c'est ici surtout que l'idée de la faiblesse engendre la faiblesse, c'est ici que la prévision de la défaite entraîne la défaite. Plus les têtes sont exaltées, et plus elles sont susceptibles d'impressions extrêmes: Ainsi un léger avantage décide presque toujours de la victoire; celui qui plie se croit perdu; son effort diminue tout d'un coup, alors qu'il devait s'accroître.

Une autre conséquence de cette réflexion, sur laquelle on ne saurait trop s'arrêter, c'est qu'ici surtout se déploie la puissance du hasard; c'est ici que les plus savantes combinaisons sont déjouées par un incident imprévu. L'auteur d'une révolution a plus besoin

encore d'être heureux, que d'être sage ; il joue, plutôt qu'il n'agit.
Toutes les tentatives de cette espèce, que l'histoire nous présente, sont
un sujet d'étonnement, soit qu'elles réussissent, soit qu'elles échouent.
L'événement déconcerte tous les calculs ; il semble contredire constamment les plus légitimes probabilités. Les obstacles ou les ressources naissent là où on ne les attendait point ; ceux sur
lesquels on comptait ne se montrent pas. Pensée effrayante pour
ceux qui gouvernent, pensée affligeante pour tous les républicains
sincères : les destinées de la patrie, la cause de la liberté, semblent
dépendre d'un coup de dé.

Toutes les combinaisons d'un homme qui veut opérer une révolution ne doivent pas se borner à créer la force qui doit servir, à cet
effet, à lui donner la direction convenable ; c'est encore une grande
affaire pour lui de la maîtriser et de savoir s'arrêter à propos. Ce
n'est pas tout d'avoir vaincu, il faut user de la victoire. Or, c'est à
quoi très-peu ont réussi ; c'est ici un dernier écueil, et le plus grand
de tous peut-être. On rencontre souvent dans l'histoire des conjura-
tions heureuses, des gouvernements renversés ; à peine trouve-t-on
quelque exemple d'une révolution qui ait produit l'effet qu'on avait
prévu, qu'on voulait obtenir ; de nombreuses raisons nous l'expli-
quent.

Une impulsion naturelle précipite au-delà du terme toutes les
forces qui sont en jeu. Il en est de la multitude comme des mobiles
qui, une fois lancés, ne s'arrêtent point d'eux-mêmes. On peut
demander la raison pour laquelle le mouvement cesse, jamais celle
pour laquelle il continue. Ivre de son succès, maîtresse absolue des
destinées publiques, la troupe des révoltés ne prescrira aucune borne
à ses volontés. Pourquoi ne tirerait-elle pas de son triomphe tout le
parti possible ? Puisqu'elle a tant fait que de s'armer et de combattre,
que ne mettrait-elle le comble à tous ses désirs ? Un vaste champ
d'innovations est ouvert devant elle ; que n'y cueillerait-elle à plaisir ?
Son succès lui révèle le secret de sa force, et la connaissance
de sa force fait naître en elle de nouvelles idées sur ses intérêts.
Il en est du peuple comme d'un individu ; la fortune, en le favo-
risant, ne fait que redoubler son ambition, et les faveurs qu'elle
accorde sont des semences de délire. Il persévérerait dans l'agitation pour le seul plaisir que l'agitation lui cause, par la seule hor-
reur d'un repos qui lui semble être une mort.

De plus, les auteurs de la révolution avaient été dans la nécessité
de s'associer, pour la faire, une foule d'hommes inquiets, violents,
envieux, ambitieux. C'étaient ceux-là souvent dont les secours lui
étaient le plus utiles ; mais le caractère de ces hommes ne change
point avec la forme du gouvernement. L'ancien état de choses tombe,

mais les passions demeurent; il leur faut un nouvel aliment. Vos
auxiliaires ne manqueront guère d'abuser du crédit que vous leur
aurez laissé prendre, de l'empire qu'ils auront acquis sur la multitude, pour se livrer à toutes les entreprises que leurs passions leur
conseillent. Vous aurez dû aussi renforcer votre parti d'une autre
espèce d'hommes non moins dangereux pour vous, ceux dont les
opinions et les intérêts s'accordaient avec les vôtres pour renverser le
gouvernement établi, mais non point pour y substituer les institutions ou les personnes que vous avez en vue. Vos alliés, pendant le
combat, deviennent vos ennemis après la victoire.

Comment donc résister aux efforts multiples qui se dirigent contre
vous, lorsque vous voulez arrêter la révolution au point que vous
vous étiez prescrit? Où sont les obstacles que vous avez à opposer
à cet impétueux torrent qui vous entraîne? Votre sagesse, votre
prudence? Mais il est rare que les hommes qui conduisent la révolution et qui réussissent, soient des hommes prudents et sages. Nous
l'avons vu : le succès est, ici, le prix de l'audace. Le système qui
conserve et qui modère suit une route entièrement opposée à celle
du système qui renverse et qui détruit. Les talents, qui vous avaient
si bien servi jusqu'alors, vous deviennent inutiles, et si vous n'êtes
un de ces hommes extraordinaires qui réunissent dans un haut degré
les qualités les plus contraires, votre force se convertit subitement
en faiblesse; vous auriez été un héros comme soldat; comme magistrat, vous n'êtes plus qu'un enfant.

Sera-ce votre crédit, le pouvoir que vous avez sur l'esprit du
peuple? Mais ne savez-vous pas combien la popularité est un faible
et fragile appui, comme la faveur de la multitude est changeante et
incertaine? Elle la donne sans réflexion, et la retire de même. Elle
vous abandonne par lassitude plus souvent encore que par mécontentement. En vous apercevant, elle tombe à vos pieds; en fixant ses
yeux sur vous, elle vous méprise. D'ailleurs vous n'êtes plus pour
elle le même homme. Dans le combat vous étiez le compagnon, le
vengeur du peuple, vous versiez votre sang pour lui. Assis sous le
dais, vous n'êtes plus que son maître, et il lui semble que son sang
n'a coulé que pour vous. Dans le combat, vous favorisiez ses passions; maintenant vous les contrariez. Il vous aimait fanatique
comme lui; vous êtes devenu modérateur, il vous hait.

Sera-ce enfin la voix de la raison ou celle des préjugés? Quant aux
préjugés, d'abord, c'est en vain qu'on se flatterait de l'espoir que les
habitudes par lesquelles l'ancien gouvernement se trouvait consacré,
puissent prêter un solide appui aux institutions que l'on en retient,
et qu'on puisse opérer dans le cerveau des hommes les mêmes
décompositions qu'on a exécutées dans les lois de la république.

Vous n'avez renversé que le sommet de l'édifice, mais la secousse que vous avez produite a ébranlé jusqu'aux fondements. Les institutions sociales se lient les unes aux autres dans l'imagination des hommes, comme elles se lient au reste de leur existence; elles tiennent à la même racine, elles sont recouvertes de la même égide. Ainsi les débris que vous voulez maintenir vous coûtent plus de peine que les réformes arbitraires qu'il vous plaît d'introduire; celles-ci ont du moins pour elles l'impression favorable de la nouveauté. — La raison? Vous avez aussi affaibli, anéanti presque son empire; il a fallu exalter les hommes, pour les rendre capables de vaincre. Le moyen de les éclairer, quand ils ont vaincu? Vous avez dû vous créer des soldats frénétiques; le moyen d'en faire des citoyens? On peut toujours arracher les hommes au repos; le feu des passions couve, mais il n'est pas éteint; un souffle l'allume. Lorsque l'incendie a éclaté, tous les remèdes sont souvent inutiles. Quelle prise a-t-on sur des imaginations où toutes les idées sont dénaturées, tous les objets grossis, où toute l'attention est concentrée sur un point unique? Et quand on parviendrait à éclairer l'esprit, qu'a-t-on gagné sur la passion? La raison aperçoit la vérité, mais le cœur s'y soumet-il? On sent ce qui serait bien, mais on ne veut que ce qui peut nous satisfaire.

Quand je parle de la difficulté d'arrêter une révolution à l'origine, on comprend que je parle de celles-là surtout où la multitude prend plus de part. Dans une conjuration qui serait composée seulement d'un petit nombre d'hommes, et qui tendrait à changer seulement la personne de ceux qui gouvernent, sans altérer la forme du gouvernement, ce danger serait à peine sensible. Tout ce que les nouveaux magistrats auraient à craindre, c'est de ne pas se voir entourés du même respect dont leurs prédécesseurs étaient l'objet; encore souvent la crainte compensera-t-elle cet inconvénient.

Je termine par une réflexion qui se lie à la précédente : c'est que le succès obtenu par les auteurs d'une révolution opère toujours un changement très-sensible dans leur caractère. Maîtres du pouvoir, ils ne sont plus ce qu'ils semblaient s'être annoncés quand ils y tendaient. D'abord il est dans notre nature que, comme l'adversité nous aigrit, la prospérité nous dispose à la clémence. La vue d'ennemis puissants nous irrite, la vue d'ennemis vaincus et malheureux excite notre pitié. De plus, nos idées changent avec notre situation, avec nos intérêts. Placés au sommet des affaires publiques, nous apercevons les choses sous un jour différent de celui sous lequel elles se présentaient quand nous n'étions que de simples particuliers. Nous l'avons dit, le système qui conserve est l'opposé de celui qui détruit. L'homme qui prépare une révolution s'attache à toutes les maximes

qui ébranlent l'autorité et relâchent le lien social : il est plutôt l'ami
de la licence. L'homme qui gouverne s'attache aux maximes qui
modèrent, qui affermissent, qui unissent les citoyens entre eux et
les rattachent tous aux lois : il est plutôt l'ami du pouvoir arbitraire.
Enfin, lorsque la révolution est terminée, ceux qui l'ont conduite et
qui sont mis par elle en possession de l'autorité, ne s'entourent ni
des mêmes conseils ni des mêmes agents. Ceux qu'elle s'était alliés
jusqu'alors ne sont plus si propres à seconder leurs vues et n'ont
ni les lumières, ni le caractère qu'on désire ; ils sont devenus même
suspects et dangereux. Plus d'un motif porte à recourir aux mêmes
hommes qui avaient servi l'ancien gouvernement ; ils ont seuls le
secret des affaires et les profits de l'expérience. Le même caractère
qui les rendit fidèles au gouvernement aboli, peut les rendre fidèles
au nouveau ; ils peuvent même y tenir avec plus de force, car il est
possible que les idées du pardon et du bienfait viennent renforcer
celle du devoir.

Ce fut ainsi que Michel de Lando, cet artisan que le peuple de
Florence porta subitement à la magistrature suprême, abdiqua, à
l'instant même de son élévation, le système d'anarchie dont il venait
d'être le fauteur. Il dissipa adroitement le peuple, le fit rentrer dans
l'inaction, saisit d'une main ferme les rênes de l'autorité, prévint
par de sages règlements l'influence de la populace, protégea les
classes supérieures, et fit rentrer l'autorité dans les mêmes mains
auxquelles on l'avait arrachée.

Mais cela suppose que les auteurs d'une révolution soient plus
conduits encore par l'attachement à une conviction politique, que
par des passions personnelles. Chez l'homme à la fois corrompu et
ambitieux, qui convoite l'autorité pour satisfaire tous ses penchants,
qui unit une politique profonde à des vues odieuses, il s'opérera
aussi un changement à l'instant du succès, mais ce sera la substi-
tution de la justice à la violence, de la modération à tous les excès.
On n'avait vu jusqu'alors qu'un personnage de théâtre ; ici l'homme
paraît et se découvre ; le masque dont il s'était couvert pour se former
des partisans, tombe dès qu'il n'a plus de ménagements à garder.
Chose étonnante, au regard de la multitude le conjuré était meilleur
que le magistrat ; celui-là s'était fait estimer, celui-ci se fait
haïr.

Dans tous les cas, c'est un avis à donner à tous ceux qui s'emploient comme agents secondaires dans les révolutions, qu'ils ont
peu de choses à attendre de la reconnaissance de leurs chefs, quelles
que soient les promesses qu'ils en reçoivent. Cette vérité ne dimi-
nuera pas, au reste, le nombre de ceux qui saisissent ces rôles ; car,
si on ne fait rien pour eux, ils se promettent toujours de faire eux-

mêmes ; ils désirent même quelquefois l'ingratitude de leurs chefs, pour avoir occasion de les supplanter.

Toutes ces observations nous conduisent à comprendre combien, au jour d'une révolution, il est impossible de prédire ce qui se passera le lendemain.

IV

Les deux états de guerre et de paix extérieure ont, l'un et l'autre, des inconvénients et des avantages par rapport à la félicité intérieure de la république. La guerre semble être le remède le plus efficace pour l'extinction des partis. On cherche à se conserver, avant de chercher à dominer ; on pense à défendre l'État, avant de réformer le gouvernement ; le danger de la chose publique détourne l'attention des querelles particulières. On sent d'ailleurs qu'on a besoin les uns des autres, et le seul calcul de l'intérêt tiendrait dans l'inaction toutes les passions haineuses, lors même qu'elles subsisteraient également. Il n'est pas d'ennemis qui ne soient capables de s'allier un instant contre des ennemis communs.

C'est ce qu'on vit constamment à Florence. Les grands déchirements qu'elle éprouva, les révolutions dont elle fût le théâtre, n'eurent jamais lieu que pendant les intervalles de paix ; lorsque le feu était aux frontières, l'incendie s'éteignait au dedans. Il faut un aliment quelconque à l'inquiète activité des peuples libres ; si leurs voisins ne le leur fournissent, ils le puiseront dans leur propre sein.

Les guerres extérieures entretiennent, excitent l'amour de la patrie dans le cœur des citoyens. C'est surtout lorsque nous sommes menacés de le perdre, que nous sentons le prix de notre trésor. Les périls que l'on court pour un objet chéri, les sacrifices que l'on fait, les souffrances qu'on endure, la gloire qu'on acquiert en le défendant, tout cela nous le rend plus cher encore. Nous ne l'estimons plus seulement par ce qu'il est en lui-même, mais encore par tout ce qu'il nous coûte et ce qu'il nous vaut. L'orgueil national, le sentiment de rivalité par rapport à nos ennemis, viennent encore fortifier tous les sentiments patriotiques ; jamais la voix de la patrie ne parle plus éloquemment au cœur, que sur le champ de bataille couvert des ossements de ses intrépides défenseurs, ou des soldats qui portent les trophées de leur victoire.

Je sais que le nom sacré de la patrie est aussi répété dans les ramas tumultueux d'un peuple livré aux discordes de la guerre civile ; mais ici on n'aime la patrie, que pour la dominer ; là on l'aime pour la défendre. Ici la patrie n'est guère placée que dans une faction ; là, elle est placée dans la société tout entière. Ici ce prétendu amour de la patrie n'est qu'une passion qui la dévore ; là c'est une vertu qui la protége. Ici l'émulation ne tend qu'à la destruction mutuelle ; là elle a pour objet la conservation de tous.

Aussi, pendant que les passions populaires ne produisent guère que des cruautés et des perfidies, le véritable amour de la patrie n'enfante que des actions grandes et généreuses. C'est alors que les citoyens sacrifient sans murmure leur fortune, quittent leurs foyers, endurent toutes les privations. Se dévouer pour le salut de tous devient une action ordinaire ; l'héroïsme est une habitude ; plus on fait, plus on devient capable de faire.

Les discordes intestines ne formaient guère que des spadassins ; les guerres extérieures forment des soldats. Les premières n'allumaient que le courage de la fureur et du fanatisme ; les secondes seules exercent la véritable valeur, celle qui consiste dans le sang-froid et la persévérance. Envoyez contre l'ennemi cette multitude qui vient de se livrer à une révolte impétueuse ; elle ne soutiendra pas le premier choc. Elle a pu renverser son gouvernement, elle ne saurait défendre un instant son territoire.

Cependant il faut des guerriers aux républiques, car leur constitution toute seule les expose à de fréquentes attaques. Elle forme la matière d'une inimitié ou du moins d'une défiance naturelle entre elle et les souverains qui l'avoisinent ; elle semble favoriser leurs désirs ambitieux et leurs espérances ; elle a moins d'appuis étrangers pour suppléer à ses propres forces.

Enfin le dernier avantage de la guerre par rapport aux républiques, c'est qu'elles attirent hors de l'enceinte des cités une foule d'êtres dangereux pour leur repos ; c'est qu'elles occupent d'une manière utile ces caractères violents, impétueux, qui ne se seraient nourris que de désordres privés ou publics. La guerre est pour le corps politique ce que la transpiration est pour notre corps matériel, elle en épure les humeurs. Cet avantage est commun à tous les gouvernements, mais il est plus sensible dans les républiques, parce que c'est là surtout qu'on a besoin que tous les citoyens soient de bons patriotes ; car tous ont une influence, et un petit nombre de méchants suffit pour renverser l'empire des lois et anéantir la liberté de tous.

Si la guerre du dehors est utile pour la paix du dedans dans les républiques, elle est, par contre, dangereuse pour la liberté, et cela de plusieurs manières.

Le premier danger est dans les mesures que la sûreté de l'Etat oblige de prendre ; elle contraint de donner, pour un temps, plus de force et d'indépendance au gouvernement, de le centraliser, souvent même d'emprunter les formes du gouvernement arbitraire, par la création d'une magistrature suprême et illimitée dans ses pouvoirs, comme fut à Rome la dictature. Tels furent ces huit citoyens auxquels Florence, pendant la guerre contre le pape Grégoire XI, accorda le redoutable pouvoir d'agir sans appel et de dépenser sans rendre compte, et dont l'autorité, d'abord utile et respectée, finit par exciter contre elle l'indignation générale.

Les lois alors rentrent un instant dans le silence ; le salut de la patrie justifie le chef de l'Etat dans tout ce qu'il entreprend. Ainsi l'on est privé, pendant cet intervalle, des bienfaits de la liberté ; on court le risque de se les voir arracher à jamais, si ceux qui gouvernent osent retenir dans leurs mains, pour opprimer la patrie, le glaive qu'elle leur prêta pour la défendre : on en est remis à la vertu de quelques hommes.

Le second danger est dans l'influence qu'acquièrent les généraux ; les lois de la discipline ont accoutumé leurs soldats à leur obéir aveuglément ; des hommes qui les ont suivis à la mort semblent prêts à voler sur leurs traces partout où il leur plaira de les conduire. La gloire militaire, ce charme magique qui exalte les hommes les plus froids et excite, plus que tout le reste, l'admiration de la multitude, leur crée, dans la cité même, une popularité immense. La patrie tout entière se trouve être redevable à son général de sa conservation et de son éclat. Bien loin de pouvoir se tenir en garde contre lui, il semble qu'elle ne peut faire assez pour lui, qu'il a droit de tout exiger d'elle ; il semble même qu'en se donnant à lui et recevant ses lois, elle ne fait que lui rendre ce qu'elle en a reçu, et, pour la première fois, le pouvoir arbitraire paraîtrait fondé sur une sorte de droit et de justice.

Le troisième danger est dans l'esprit que les citoyens contractent à l'armée, surtout si cette armée sort du territoire de la république et s'éloigne de ses frontières. A cette énergie vertueuse et éclairée, dans laquelle ils avaient été entretenus jusqu'alors, succède un courage brutal et aveugle. Plus avides de se distinguer par des actions éclatantes, que d'examiner la fin même à laquelle ces actions se rapportaient ; plus avides du titre de *brave* que de celui de *juste*, ils offrent indifféremment ce terrible appui de leurs armes au premier factieux qui viendra s'adresser à eux. Les lois ne portent plus dans leur esprit les mêmes impressions de ce respect religieux dont elles étaient autrefois l'objet, parce qu'ils n'en sentent plus autant les bienfaits. Ce sentiment d'égalité, ces égards réciproques, ce désir de mériter l'estime, que la vie civile fait naître et qu'elle exige, ont fait place en eux à une habitude de férocité et d'insolence, qui donne à leur aspect tout seul quelque chose d'odieux. Ils se regardent, dans le sein de la société, comme une société à part ;

plaçant tout dans la force et se sentant les plus forts, ils ne peuvent s'empêcher de porter une sorte de mépris à leurs compatriotes.

C'est un autre danger, et bien plus grand encore, pour une république, si la nécessité ou l'imprudence de ses chefs l'ont conduite à appeler à sa défense des troupes auxiliaires et un général étranger. Ne tenant au pays qu'ils ont servi par aucun sentiment ni par aucune habitude, rien ne saurait les empêcher d'attenter à la liberté, pour peu qu'ils en aient le pouvoir, et si on subit leur joug, on doit s'attendre à en être accablé. Quel égard auraient-ils pour une nation à laquelle ils ne tiennent par aucun lien? Quelle modération dans l'usage d'un pouvoir qu'ils ne doivent qu'à la force? Comment pourrait-on se rassurer contre la crainte d'être opprimé par eux, quand ni l'intérêt commun ni la vertu civique ne sauraient nous offrir leur garantie?

Enfin le dernier danger est dans les alliances que la république est forcée de contracter, dans les conditions auxquelles s'achètent ces alliances ou les effets qu'elles entraînent. Florence, menacée par ses voisins, se vit contrainte plus d'une fois d'aliéner sa liberté; elle céda, pour quelques années, l'autorité souveraine dans ses murs aux rois de Naples ou de France, afin d'obtenir leurs secours dans les périls qui la menaçaient; ce fut à une de ces circonstances qu'elle dut la tyrannie du duc d'Athènes. Elle fut, du moins, assez sage pour ne contracter jamais ces dangereux traités qu'avec des princes séparés de son territoire par d'autres États. Ils avaient alors moins de moyens pour maintenir leur puissance dans son sein, lorsque le terme serait expiré; ils avaient aussi moins d'intérêt à le tenter. Ce fut à cette politique que Florence dut, en définitive, la conservation de sa liberté, et elle ne demeura soumise qu'autant qu'elle voulut l'être.

Souvent, au reste, sans avoir engagé son indépendance, par un traité exprès, aux alliés qu'on s'est donnés, on n'en sera pas moins exposé à la perdre lorsqu'on aura été défendu par eux. Ce danger sera plus grand à proportion que cet allié sera plus puissant; on lui aura laissé occuper le territoire et peut-être les forteresses; on lui aura révélé le secret de la faiblesse nationale; on lui aura mis les armes à la main; on aura enflammé son ambition par un premier succès, et cette ambition ne manquera pas de prétextes pour colorer toutes les prétentions qu'elle inspirera. On sait combien de difficultés succèdent aux entreprises qui ont été faites en commun; les acquisitions et les pertes en sont également la source. On cherche à rejeter l'un sur l'autre les frais de la guerre, on cherche à obtenir tous les avantages de la paix; dans une semblable discussion, tout semble favoriser la cause du fort qui a protégé, contre le faible qui a été sauvé. D'ailleurs, lors même que ce protecteur n'abuserait point ouvertement de sa situation, il lui sera facile d'obtenir, par sa seule influence dans la république, un empire presque égal à celui qu'il se fût procuré par la force. En le reconnaissant pour son libérateur, en l'initiant à ses affaires, la république lui aura nécessairement donné un grand crédit parmi ses citoyens ; il n'aura point négligé une si belle occasion de se faire des créatures. Le besoin qu'on avait de se concilier son affection et de maintenir la bonne harmonie avec lui, aura fait porter aux places les hommes qui lui étaient le plus agréables ; tous ceux qui lui étaient dévoués ne manquent pas de se prévaloir, parmi leurs compatriotes, des avantages qu'a procurés son alliance. C'est à eux que s'attache la reconnaissance de la multitude, ce sont eux qui recueillent les fruits de la victoire. Ce sont là tout autant de leviers qui seront placés sous la dépendance de ce puissant voisin, car ne tenant guère leur existence que de lui, ils ont besoin de le ménager pour se maintenir eux-mêmes ; cet état de choses durera du moins aussi longtemps que l'autorité de ces hommes ne sera pas très-affermie dans la république. Dès qu'ils ne tiendront plus au souverain étranger par le lien de l'intérêt, qu'il n'espère pas les conserver par celui de la reconnaissance.

Si l'on réfléchit que les petites républiques ne sauraient s'engager dans une guerre sans être soutenues par des alliés plus puissants qu'elles, on comprendra que, pour ces républiques, le danger que nous venons de décrire est énorme ; il est tel, qu'il doit presque toujours décider pour elles la question des deux états de guerre ou de paix. La paix peut devenir pour elles une semence de discordes intestines, mais la guerre est la route infaillible de l'esclavage, et c'est ici le cas d'appliquer le célèbre mot d'un polonais : *Plutôt une liberté agitée, qu'une tranquille servitude.*

Par un raisonnement semblable, on comprend qu'une république d'un ordre moyen ne doit pas s'engager d'ordinaire dans une guerre où figurent des Etats beaucoup plus puissants qu'elle.

Hors ces deux hypothèses, il semble que, toute compensation faite, l'état de guerre est plus utile que l'état de paix aux républiques, surtout si ces guerres ne les mettent point dans un danger trop imminent d'être conquises.

La république de Florence fut, dès sa naissance, engagée dans des guerres presque continuelles ; cependant elle ne fut jamais conquise, à peine les ennemis approchèrent-ils une fois de ses murs ; c'est une remarque digne d'attention dans son histoire. Elle en fut redevable d'abord à sa situation : elle n'avait point de voisin puissant et qui pût la subjuguer avec ses seules forces. Elle le dut aux circonstances : les divers Etats qui composaient l'Italie furent presque toujours en guerre les uns contre les autres. Elle le dut à

la politique : elle sut à propos entretenir ces divisions et maintenir
l'équilibre ; elle sut se ménager la bonne intelligence des rois de
France et des empereurs d'Allemagne. Elle le dut souvent au zèle
et au courage de ses citoyens, qui surent, quand il le fallait, sacri-
fier des sommes immenses ou s'élancer en foule hors de ses mu-
railles. Elle le dut enfin au système militaire suivi en Italie pendant
cette époque presque entière ; on ne combattait point avec ses
propres armes ; des troupes d'étrangers à gages servaient les divers
États ; il suffisait d'avoir de l'argent pour une guerre. Un revers
était bientôt réparé, si le trésor public n'était point épuisé. D'ailleurs, on se battait sans acharnement, sans persévérance ; que dis-je !
on ne se battait pas, on ne faisait que se heurter ; les batailles
n'étaient qu'un exercice d'escrime. Machiavel cite plusieurs batailles
longues et importantes où la victoire fut longtemps disputée, où
un des deux partis fut enfin entièrement dérouté, et où cependant
il n'y eût pas un seul mort, pas même un blessé. Ainsi une armée
défaite, n'étant jamais que débandée, se ralliait bientôt après ; l'armée
victorieuse même s'achetait souvent sans peine. Aucun succès n'était
durable. Florence étant une république très-opulente, conserva dans
la balance de l'Italie une influence que ne lui donnaient ni sa
population, ni l'étendue de son territoire, ni la force de ses places.

C'est à la nature des guerres que Florence eut à supporter,
qu'elle dut d'en éprouver peu d'effets funestes à son bonheur.
Comme elles ne la réduisaient jamais à de grandes extrémités, comme
elles ne se faisaient point avec férocité, comme souvent même
les citoyens n'y prenaient point de part, elles opérèrent peu de
changements dans la constitution et dans le caractère national.
Florence eut d'ailleurs le bonheur d'employer souvent des armes
étrangères, sans se laisser asservir par elles ; les condottieri ne
furent jamais que ses défenseurs, n'osèrent jamais prétendre à s'en
rendre les dominateurs.

A la question de savoir si la guerre ou la paix est plus convenable
à la république, succède celle de connaître quelle guerre lui est
plus utile ou plus funeste.

La guerre qui a des conquêtes pour objet paraît avoir des inconvénients qui lui sont propres et qui la rendent la plus funeste de
toutes. Elle sert peu à entretenir dans les âmes les sentiments
patriotiques. Les citoyens sont alors moins touchés, en général, de
la gloire de la patrie, que de ses dangers ; une patrie prête à être
asservie les intéresse davantage qu'une patrie conquérante. L'ambition des conquêtes altère et corrompt l'esprit du gouvernement et les
mœurs publiques ; elle tend à substituer dans tous les cœurs l'amour
de la domination à celui de la justice ; elle transporte dans le sénat

des républiques les passions et les idées qui germent dans le cœur des rois. Les conquêtes donnent naissance à un grand nombre d'emplois dangereux, ceux qui sont érigés, dans les pays conquis, pour y exercer l'autorité au nom de la puissance victorieuse. Ces emplois sont l'objet d'une vive jalousie ; ils donnent un grand crédit, de grands moyens d'influence à ceux qui les exercent ; ils leur font connaître les douceurs du pouvoir arbitraire, et une fois qu'on a bu à la coupe fatale, on voudrait s'en enivrer. Les magistratures suprêmes de la république présentent même aux passions un appât plus puissant ; on n'est plus seulement le représentant d'un peuple libre, on est le despote d'un peuple esclave. Les conquêtes de l'Etat semblent être le domaine de ceux qui gouvernent.

Il faut le dire même, les conquêtes, faites par une république sont une source de dangers pour la liberté. Elles assurent à ceux qui la gouvernent une force, des ressources indépendantes de la république même ; elles contraignent les citoyens à leur accorder une plus grande autorité ; l'administration de ces conquêtes exige qu'on mette à la disposition du vainqueur des moyens d'exécution proportionnés à l'étendue et à l'importance des pays qu'il faut gouverner et défendre. Une république qui a des sujets sous sa domination doit avoir un corps de troupes permanent ; cela seul est un grand danger pour la liberté.

Enfin ces guerres de conquête sont une source de mécontentements et de discordes dans le sein de la république. Un grand nombre de citoyens les voient avec peine ; les uns les blâment par un sentiment de modération et de justice, par zèle pour la liberté publique ; les autres, par un calcul d'intérêt. La plupart supportent tous les frais de cette guerre, ils n'en partagent ni les profits ni la gloire. Comment verraient-ils sans inquiétude, sans amertume, les magistrats faire servir les forces de la république à leurs vices, à leurs passions particulières ; le sang des citoyens couler pour satisfaire un vain caprice d'ambition ; ces armes qui furent consacrées dans le temple de la patrie pour servir d'appui à la liberté, devenir un vil instrument de la politique ?

Si nous considérons ici la république plutôt comme Etat que comme gouvernement, plutôt sous le rapport de sa puissance extérieure que sous celui de sa constitution intérieure, nous trouverons que les conquêtes sont loin de procurer à un semblable Etat les avantages qu'on pouvait s'en promettre, car il y a deux manières de se conduire à l'égard des pays conquis : ou de les incorporer à la république, en les assimilant, en tout, au sort et aux droits dont jouissent les citoyens, ou de les soumettre à la république, en les gouvernant avec un pouvoir arbitraire plus ou moins restreint.

Dans le premier cas, on porte un coup funeste à l'unité de la république, et par là à sa consistance et à sa force. Il est impossible qu'il s'établisse de grands rapports de confiance et d'affection entre les vainqueurs et les vaincus. La diversité des habitudes, les restes de l'ancienne animosité, la seule variété des intérêts empêchent que les liens n'aient une grande force. On le sait d'ailleurs : plus une nation s'étend, moins elle devient capable de vraie liberté.

Dans le second cas, on aura beaucoup de peine à retenir le pays conquis dans l'obéissance et à en tirer des secours utiles.

Qu'il soit très-indifférent d'abord au sort de ses nouveaux maîtres, c'est inévitable ; quel esprit public pourrait animer des hommes qui n'ont plus de patrie ? Quel motif pourrait les engager à concourir à des entreprises dont le succès n'ajoutera jamais rien à leur bonheur, ne fera même, le plus souvent, qu'affermir la puissance qui les opprime ?

L'histoire de Florence justifie pleinement ces appréciations, elle demeura rarement en possession tranquille des pays qu'elle avait conquis ; Sienne surtout ne supporta jamais qu'avec impatience le joug qu'elle avait subi, et le secoua plusieurs fois.

Mille raisons aigriront sans cesse les vaincus contre leur nouveau souverain, et d'abord un sentiment de justice : comment des hommes qui se disent amis de la liberté veulent-ils avoir des esclaves ? Comment des républicains affectent-ils d'imiter les rois ? Que ne recevons-nous les mêmes faveurs d'une patrie que nous servons comme eux ? Pourquoi cette différence de droits et de conditions dans le sein d'un même pays ? S'ils ne veulent point souffrir des despotes, pourquoi devrions-nous en subir ?

Un sentiment de jalousie : car la république victorieuse accordera toujours à ses citoyens une protection et des priviléges qu'elle refusera à ses sujets. Ses magistrats y seront presque forcés, s'ils veulent apaiser ceux qui se plaignent que les triomphes de la république ont été stériles pour eux. — Ce sentiment naturel qui porte les hommes à chérir l'indépendance, et qui, surtout ici, sera porté à son plus haut degré d'intensité : car on obéit moins volontiers encore à mille souverains qu'à un seul, car on obéit avec plus de peine à un souverain étranger qu'à un souverain pris dans sa nation, car toute cette magie qui entoure le trône d'un prince, qui inspire e respect à la multitude et lui fait regarder son souverain comme un être d'une autre espèce, ne se retrouve plus dans l'obéissance qu'on prête à une république. Là on croyait voir l'envoyé de Dieu ; ici on ne saurait voir jamais que des hommes. — Enfin un sentiment de mécontentement par rapport à la manière dont ces pays seront gouvernés : car c'est une observation constante, qu'il n'est point de gouverneurs plus durs et plus vexateurs, que ceux qui sont envoyés par un pays libre dans un pays sujet. Et il en doit être ainsi ; il se dédommagent, dans cette nouvelle situation, de la contrainte qu'ils avaient dû observer jusqu'alors. Toutes les passions impérieuses se débordent avec d'autant plus de violence qu'elles avaient été plus longtemps contenues.

Peut-être aussi l'austérité des mœurs républicaines, l'orgueil qu'elles nourrissent, rendent-ils le cœur moins sensible à la compassion, à la générosité, à la bonté, comme elles rendent moins susceptible d'égards et de bienveillance dans l'exercice extérieur de l'autorité. Enfin la différence qui existe entre les destinées des deux peuples appelle trop le peuple dominateur à regarder l'autre comme un peuple de vaincus. Un roi, à moins qu'il ne soit très-méchant, cherchera toujours à se concilier l'affection de ses nouveaux sujets ; une république ne s'occupera d'ordinaire que de leur imprimer de la crainte ; il revient trop peu à chacun des affections qu'inspirerait un gouvernement modéré. L'homme est bienfaisant, les hommes en masse ne le sont pas.

On comprend que cette dernière observation reçoit une application beaucoup plus étendue dans les républiques démocratiques que dans les aristocraties.

On pourrait nous objecter ici l'exemple de la république romaine, qui fut une république conquérante, et fut cependant presque toujours heureuse au-dedans, en devenant plus puissante au dehors. Cet exemple ne ferait tomber qu'une partie de notre assertion, car les conquêtes de Rome furent l'époque et la cause de la perte de sa liberté. D'ailleurs Rome dût la solidité de ses conquêtes à des circonstances particulières et à la profonde politique qui dirigea son système de conduite à leur égard ; circonstances qui sont rares, politique qui ne saurait être facilement imitée.

Les inconvénients que nous venons de détailler comme attachés aux guerres de conquêtes, ne se reproduisent pas dans celles qui n'ont pour objet que la conservation de l'État. Celles-ci, par contre, en ont d'autres qui leur sont propres ; elles mettent souvent la patrie en péril, et par là donnent naissance aux maux qui résultent de semblables situations. Elles n'ont jamais lieu d'ailleurs sans un dommage sensible pour une partie des citoyens, ceux qui se sont trouvés exposés à l'invasion de l'ennemi.

Je ne prétends pas examiner ici s'il convient d'avoir de telles guerres ; on n'est guère libre de les éviter. J'examine seulement si elles remplissent les fins que j'ai exposées, et à quel degré elles les remplissent.

Il est une troisième espèce de guerre, qui me semble être, de toutes, la moins funeste ; ce sont celles où une république s'engage pour secourir ses voisins ou ses alliés, surtout si elles sont faites avec

une apparence de succès, et sans avoir lieu de craindre des suites
fâcheuses pour la république, dans le cas où elles ne réussiraient
pas. Je sais que ces guerres ont quelques-uns des inconvénients
attachés aux guerres de conquêtes. L'intérêt de la patrie n'y est
point assez clairement renfermé, mais elles en évitent les inconvénients les plus sensibles ; elles sont exemptes aussi de ceux qui sont
propres aux guerres de défense. Les citoyens s'entretiennent par là
dans les habitudes du courage et dans la connaissance de l'art militaire, sans que la patrie en souffre sensiblement, sans que son
territoire soit envahi ; aucune mesure extrême, aucune magistrature
extraordinaire n'est exigée ; on se ménage à soi-même des alliés dans
ses propres périls. D'ailleurs, si les guerres dont le salut de l'Etat
est l'objet sont trop fréquentes, elles nous épuisent ; si elles sont
rares, une longue paix nous amollit ; des guerres où nous n'entrons
que comme auxiliaires, accordent tout.

Il est rare cependant que les républiques entreprennent de pareilles
guerres, et qu'elles s'arment sans apercevoir de danger personnel
pour elles-mêmes : c'est, comme nous l'avons dit, parce que leur
intérêt ne s'y montre point assez à découvert. Ce fut une chose
remarquable dans la politique des Florentins pendant toute la suite
de leur histoire, et comme un caractère particulier de cette république, que sa générosité et sa fidélité à secourir ses alliés lorsqu'ils
étaient en péril. Rarement ils réclamèrent sans fruit, auprès d'elle,
l'exécution de promesses dont on se jouait partout ailleurs. Les
Florentins furent peu imités ; ceux mêmes qu'ils avaient aidés se
montrèrent souvent ingrats ; mais les Florentins ne se départirent
point de leur manière d'agir, et en cela ils furent sans doute les
plus éclairés et les plus sages. En servant leur amis, ils travaillè-
rent en effet pour eux-mêmes.

V

La constitution de Florence subit des variations continuelles
depuis la naissance de sa république jusqu'aux Médicis. Le fond
de cette constitution était une démocratie populaire ; mais, à chaque
révolution, le parti vainqueur établissait des lois qui pussent asseoir
son autorité sur des bases solides et anéantir l'influence de ses ennemis. De là le nombre et les prérogatives des diverses magistratures,
les conditions auxquelles on pouvait les obtenir, mais surtout la
division des sections dont se composait la république.

Il serait inutile d'entrer dans de grands détails sur ces lois et les
variations qu'elles subirent. Le gouvernement de la ville fut confié
d'abord à des seigneurs qui restaient deux mois en place et réunis-

saient en eux le pouvoir de proposer les lois et celui de les faire exécuter ; la police et les mesures administratives reposaient entre leurs mains ; leur nombre varia depuis six jusqu'à treize. Deux ou plusieurs conseils plus nombreux exerçaient l'autorité législative.

La république fut divisée d'abord en *sestos*, puis en *quartiers*, et l'on prenait un nombre égal de magistrats dans chacun ; la division en métiers ou *arts* servit ensuite de base à la répartition des magistratures. Suivant que le peuple eut plus ou moins d'influence, il multiplia le nombre des arts inférieurs en les subdivisant, et accrut le nombre des places qui devaient leur appartenir. Chacun de ces arts ou métiers avait une sorte de police particulière et des chefs qu'il se donnait. La division militaire était différente ; le peuple était rangé, sous diverses bannières, par compagnies que commandait un capitaine général. On est étonné de voir de très-bonne heure, à Florence, un dénombrement de trente mille hommes enrôlés sous ces enseignes, ce qui supposait une population nombreuse à la même époque. On comptait en outre soixante-dix mille hommes en état de porter les armes dans son territoire.

Il est cependant plusieurs institutions particulières à la république florentine et qui méritent quelque attention ; la plus remarquable est celle des *bourses*. Les choix des magistrats avaient été, dès l'origine, l'objet de tant de brigues, avaient ouvert une source si féconde aux dissensions intestines, qu'on substitua de bonne heure la voie du sort à celle des suffrages. Tous les trois ans ou tous les cinq au plus, on renfermait, à cet effet, dans des bourses, les noms des citoyens éligibles, et on y puisait ensuite pour remplir les places à mesure qu'elles devenaient vacantes. Machiavel blâme cette institution, et il a raison ; le jeu des factions ne fut point arrêté, et l'on eut en général des magistrats moins capables. On parvint presque toujours à écarter des places ceux qu'on redoutait ; on ne put y porter ceux qui y eussent été le plus utiles.

En effet l'attention de tous les partis se dirigea alors sur la formation des bourses ; on s'attacha à en faire exclure les hommes qu'on voulait en écarter. Une seconde institution, en s'unissant à la première, vint servir à cette fin : on créa une magistrature dont l'objet propre était de priver de leur droit d'éligibilité les citoyens dont les sentiments étaient suspects. Ces nouveaux magistrats prononçaient à cet égard avec une autorité absolue et se bornaient à donner un avis à ceux qu'ils avaient exclus, d'où on les appela *Ammoniti*. Il ne restait donc dans les bourses que les noms de ceux dont on était à peu près sûr, et c'était entre eux que le hasard décidait. Tout ce qui intéressait les passions était assuré ; ce qui intéressait le bien public était livré à l'incertitude.

Mais voici les grands inconvénients de cette institution, c'est d'abord qu'elle était essentiellement contraire à la liberté. C'était une chose scandaleuse de voir, dans une république démocratique, quelque *capitaine de garde* (c'était le nom qu'on leur donnait) écarter arbitrairement les citoyens des emplois publics; c'était là presque un pouvoir absolu; du moins dans les élections, quelque agitées qu'elles fussent, le citoyen qui était exclu était assuré d'avoir contre lui le suffrage d'un grand nombre d'autres. Une portion notable de la république ne voyait dans l'arrêt qui l'écartait, que la volonté de quelques individus.

La nouvelle institution tendait d'ailleurs à donner aux factions un caractère de fureur et d'implacabilité extraordinaires. En effet le mécontentement d'un homme qui n'a point été élu à la place qu'il briguait ne saurait égaler celui d'un homme qui en a été formelle- ment exclu; le premier voit qu'on ne l'a point cru le meilleur; le second, qu'on l'a cru dangereux. Le mécontentement d'un homme qui n'a pas obtenu un emploi n'égale point celui d'un homme déclaré incapable pour tous; l'ambition du premier se nourrit encore d'es- pérances; une révolution peut seule rouvrir au second le chemin des honneurs. Enfin dans les élections par suffrages, le mécontente- ment que leur issue entraîne n'affecte bien vivement que ceux qui se flattaient d'être nommés, car ils sont les seuls qui se trouvent personnellement blessés. Mais le système suivi à Florence faisait autant de mécontents très-prononcés de tous ceux qu'on *avertissait*, et le nombre en était toujours nécessairement considérable.

Aussi voyons-nous que ces *ammonitions* furent presque toujours l'occasion et le prétexte des révolutions qui éclatèrent à Florence, et que les magistrats dont l'administration avait commencé sous les meilleurs auspices, échouèrent constamment contre cet écueil.

On recourut souvent à Florence à une magistrature temporaire assez semblable à la dictature chez les Romains, et qu'on appelait *Balia*. Elle était, comme celle-là, investie d'une autorité illimitée; elle s'en distinguait cependant par deux grandes différences : l'une, que la *Balia* n'avait pour objet que la réforme intérieure de la république, tandis que la dictature était plutôt instituée pour la défense extérieure; l'autre, que la *Balia* était toujours composée de tous les magistrats et membres des divers conseils et d'un grand nombre d'individus, tandis que la dictature n'était confiée qu'à un seul. C'était ordinairement à la suite d'une révolution, que la *Balia* était érigée; elle donnait une nouvelle force au gouverne- ment, dictait des lois nouvelles, organisait de nouvelles bourses. C'était par elle que le parti vainqueur exécutait tous les desseins qu'il avait en vue. Elle fut aussi quelquefois une ressource pour prévenir les révolutions ; les magistrats qui s'en voyaient menacés avaient recouru à la *Balia* pour satisfaire ou du moins examiner les prétentions des mécontents ; ils déposaient entre ses mains l'autorité qu'ils craignaient de perdre par la violence.

Le *gonfalonier de justice* ne fut institué d'abord que pour protéger le peuple contre l'insolence des nobles. Il devait appartenir, par sa naissance, à la première classe ; une force armée respectable était à ses ordres ; il était chargé de faire exécuter les jugements rendus contre les puissants en faveur des autres citoyens. Ces attributs ne parurent point suffisants au peuple, car les nobles parvenaient toujours à obtenir l'impunité ; alors le gonfalonier fut appelé à siéger avec les seigneurs, et on augmenta la troupe dont il pouvait disposer. Lorsque les nobles furent évincés du pouvoir, cette magistrature subsista et devint la première magistrature de la république.

Ce fut, à Florence, une expérience constante, que plus les seigneurs et membres du conseil étaient nombreux, moins ils étaient favorables au peuple, plus les grands avaient d'influence sur eux. Lors même que les nobles n'étaient plus admis à siéger dans les conseils, ils se maintinrent encore quelque temps en crédit dans la république, parce que les magistratures étaient composées du plus grand nombre de membres qu'on y eût jamais vu. Aussi un des soins les plus assidus du parti populaire, lorsqu'il l'emportait, était de réduire ce nombre, comme celui du parti opposé était de l'étendre ; sans doute c'est que plus les magistrats étaient nombreux, plus l'intrigue avait de jeu parmi eux ; c'est, aussi, que plus ils étaient nombreux, et moins chacun se voyait exposé aux regards du peuple, menacé de sa censure ou flatté de son affection ; c'est, encore, que plus ils étaient nombreux, plus ils étaient corruptibles. La portion d'autorité dévolue à chacun se trouvant moindre, elle inspirait moins d'orgueil, rapportait moins d'avantages, rendait plus accessible aux considérations privées. C'est sans doute, enfin, que le gouvernement ayant moins de caractère et d'énergie, à proportion que ses membres sont plus nombreux, on était moins propre à soutenir la cause du peuple contre le crédit et la puissance des grands.

Je ne terminerai pas sans décrire une institution singulière érigée dans une autre république italienne, celle de Gênes, et dont nous n'avons aucun autre exemple : je veux dire *la Banque de Saint-Georges*. Ce ne fut, dans l'origine, qu'une association de quelques marchands qui prêtèrent des fonds au gouvernement et reçurent de lui, en retour, la propriété des douanes de l'État. L'administration de cette société fut conduite avec tant de sagesse, qu'elle fit en peu de temps des gains immenses. Elle passa de nouveaux traités avec le gouvernement, chacun voulut y prendre part ; elle multiplia ses actions, mit en circulation ses billets, et en augmentant ses fonds et ses moyens, acquit un nouveau degré de puissance. Elle eut des flottes pour son commerce et une marine pour les protéger. Elle acheta même la souveraineté de plusieurs petits pays; d'autres, comme *Severana*, se soumirent volontairement à elle, attirés par la mansuétude de sa domination. Il se forma ainsi, dans la république de Gênes, comme une seconde république, qui eut aussi ses forces, ses magistrats et ses lois, qui la surpassa par l'esprit de sagesse, de prévoyance et de bonté, dont les emplois devinrent plus recherchés et plus honorables que les siens, qui se conserva indépendante et paisible pendant les agitations populaires, pendant les révolutions de toute espèce que subit la constitution de l'État, et, ce qui est surtout remarquable, qui contribua très-efficacement à accroître l'éclat et la richesse de la mère-patrie, sans jamais y faire naître le moindre trouble ni atteinte à la liberté.

En cherchant à quelle cause cette institution a dû ses succès, la consistance, comme aussi la sagesse et la modération qui l'ont surtout caractérisée, il est facile de comprendre qu'une société nombreuse de marchands, avec des fonds énormes et un grand crédit, devait, à une époque surtout où le commerce était dans sa naissance, acquérir d'immenses richesses; que ces richesses, les lumières des administrateurs, les forces dont ils disposaient, assurèrent bientôt à la banque de Saint-Georges un commerce unique dans son genre et avec lequel aucun particulier n'eût pu rivaliser. Quant à l'esprit de sagesse qui animait son administration, il fut dû d'abord au caractère de ceux qui la dirigèrent les premiers et transmirent leur règle de conduite à leurs successeurs. Il fut dû aussi à ces dispositions d'équité, de fidélité, d'ordre, d'économie, de prudence, que le négoce tend naturellement à inspirer. Enfin, si elle n'attenta point à la liberté de la république, si elle n'eut aucune influence sur son gouvernement et n'en fut point influencée à son tour, c'est que les vues de ceux qui la dirigeaient furent entièrement concentrées dans les idées d'enrichissement. Exclusivement occupés des détails de cet immense commerce, recueillant des fruits abondants de leurs peines, ils ne pensaient point qu'il y eût rien autre qui pût exciter leurs désirs. Le peu d'ambition qu'ils témoignaient empêcha le gouvernement de prendre ombrage de leurs succès; il les ménageait d'ailleurs parce qu'il avait besoin d'eux, et cette conduite achevait de leur inspirer à eux-mêmes des sentiments de modération et de réserve à l'égard du gouvernement.

B^{on} DE GÉRANDO, Membre de l'Institut.

Paris. — E. de Soye et Fils, imp., 5, pl. du Panthéon, 5.

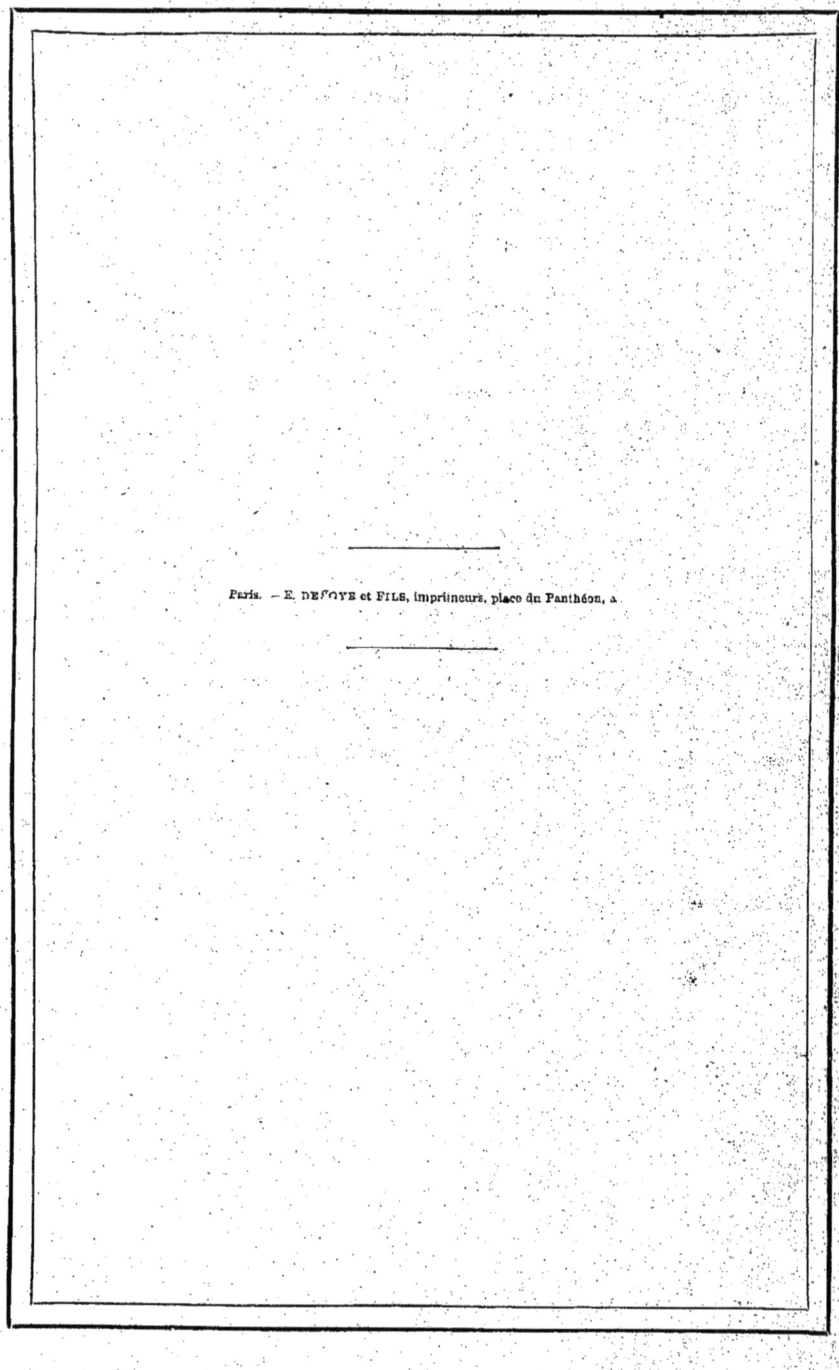

Paris. — E. DESOYE et FILS, imprimeurs, place du Panthéon, 5.